跟我学汉语

学生用书

Learn Chinese with Me
Student's Book

人民教育出版社
PEOPLE'S EDUCATION PRESS

中国国家汉办赠送
Donated by Hanban, China

跟我学汉语

学生用书

（英语版）

*

人民教育出版社 出版发行

网址：http://www.pep.com.cn

人民教育出版社 印刷厂印装　全国新华书店经销

*

开本：890 毫米×1 240 毫米　1/16　插页：1　印张：15.5
2009 年 10 月第 1 版　2009 年 12 月第 1 次印刷
ISBN 978 - 7 - 107 - 22331 - 0　定价：60.00 元

著作权所有·请勿擅用本书制作各类出版物·违者必究
如发现印、装质量问题，影响阅读，请与本社出版科联系调换。
（联系地址：北京市海淀区中关村南大街17号院1号楼　邮编：100081）

Printed in the People's Republic of China

总 策 划	许 琳　李志军
总 监 制	马箭飞　郑旺全
监　　制	孙文正　张彤辉　王锦红
	王世友　施 歌

主　　编	陈 绂　朱志平
编写人员	朱志平　徐彩华　娄 毅
	宋志明　陈 绂
英文翻译	李长英

责任编辑	施 歌
审　　稿	王本华　吕 达

封面设计	于 艳
插图制作	张傲冰
	北京天辰文化艺术传播有限公司

前　言

　　《跟我学汉语》（英语版）是专为以英语为母语的中学生编写的汉语入门教材，也可供以英语为母语的15–18岁的青少年汉语学习者使用。该教材包括学生用书、教师用书、练习册以及配套的CD、DVD-ROM、生字卡片、词语卡片等。

　　《跟我学汉语》编写的主导思想是培养海外中学生学习汉语的兴趣。教材从框架的设计到语言材料的选取安排，都吸收了当前汉语作为第二语言习得研究的最新成果；在内容的安排上力图自然、有趣，符合第二语言学习规律；语法点的出现顺序以表达功能的需要为基础，并以话题为线索来编排语言材料，从而带动汉语交际能力的培养。

　　教材的编写者都是汉语作为第二语言教学的教师，能够从自己亲身进行教学的角度去设计教材、安排内容。在编写的过程中，我们还多次征求并采纳了海外中学以汉语为第二语言进行教学的一线教师的意见，这些意见给编写工作带来了很好的启示。我们希望，这套教材能够在不失系统性的基础上，表现出明显的功能性；在不失科学性的基础上，表现出明显的实用性；在不失严肃性的基础上，表现出明显的趣味性。

　　《跟我学汉语》（英语版）是国家汉办/孔子学院总部主持开发的多语种系列教材之一。该教材在编制过程中，得到了方方面面的支持与帮助。在此，我们一并致以深深的谢意。

编　者

2009年10月

Preface

Learn Chinese with Me (English Version) is a series of introductory textbooks designed for native English speakers studying Chinese, especially high school students, i.e. teenagers aged 15-18. The series is composed of a student's book, a teacher's book, a workbook and CDs, a DVD-ROM, Chinese character cards, and words and phrases cards.

The main goal of the editors in compiling *Learn Chinese with Me* (English Version) was to cultivate high school students' interest in learning Chinese. The framework design as well as the selection of language material incorporates the most recent research into the acquisition of Chinese as the second language. The content, chosen for its natural language as well as its interest to students, is arranged according to the rules of second language learning. To improve learners' communicative competence, the presentation of grammar points is based on the function of language expression, and language materials are arranged in the order of topics.

Since our contributors are all teachers of Chinese as the second language, their own teaching experience has contributed greatly to the development of these books. In addition, the suggestions and feedback from numerous Chinese language teachers teaching currently aided our design of the textbooks and arrangement of the content based on a wide spectrum of knowledge and experience, both academic and practical.

This series of textbooks is a major project sponsored by Hanban/Confucius Institute Headquarters. During the compilation process, we received assistance and support from many people and organizations. We would therefore like to express our gratitude to them.

Editors

October, 2009

Where is China?

长城（Chángchéng）

The Great Wall

天坛（Tiāntán）

The Temple of Heaven

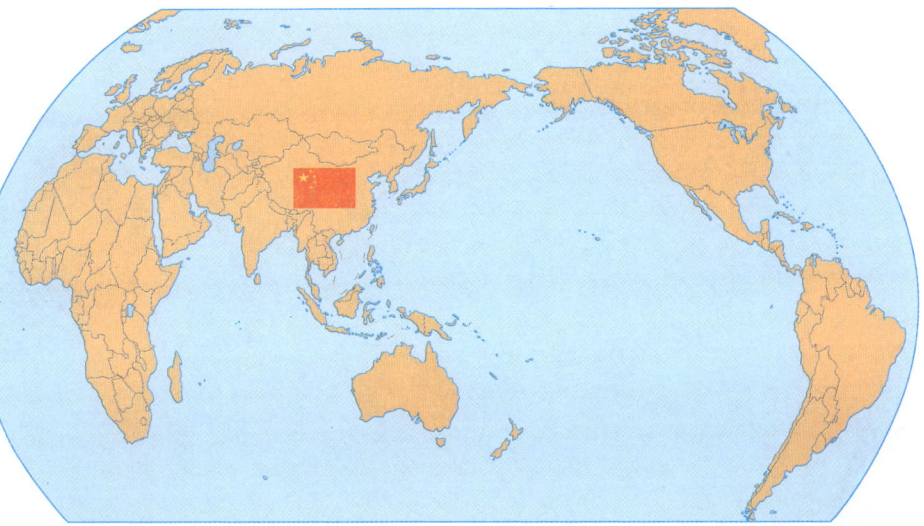

黄山（Huáng Shān）

The Yellow Mountains

兵马俑（bīngmǎyǒng）

Terracotta warriors and horses

What do you know about China?

唐三彩（tángsāncǎi）
Tang tricolor

熊猫（xióngmāo）
Pandas

金丝猴（jīnsīhóu）
Golden monkeys

丹顶鹤（dāndǐnghè）
Red-crowned cranes

扬子鳄（yángzǐ'è）
Chinese alligator

蜡染（làrǎn）
Wax printing

Enjoy the Chinese Knot and Try to Make One

The Chinese knot is one of China's unique folk arts. This traditional handmade folk art is made of rope or string. It has many distinctive shapes and splendid colors. Each basic type is given a name according to its shape and meaning. Chinese knots are rich in cultural symbolism. For example, the ten thousand blessing knot is also called the knot of dreams coming true and symbolizes good fortune and best wishes.

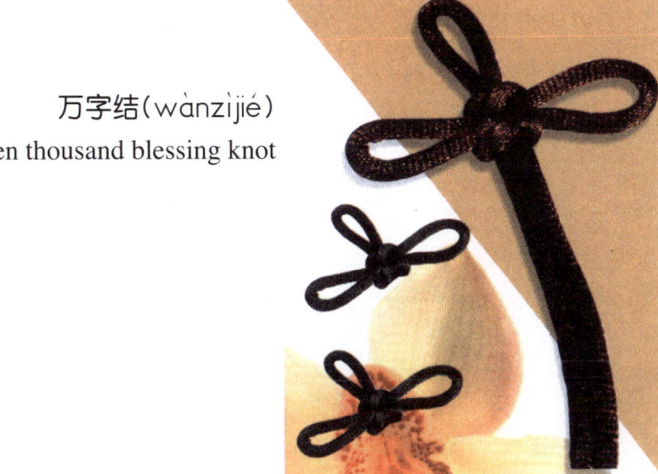

万字结（wànzìjié）
Ten thousand blessing knot

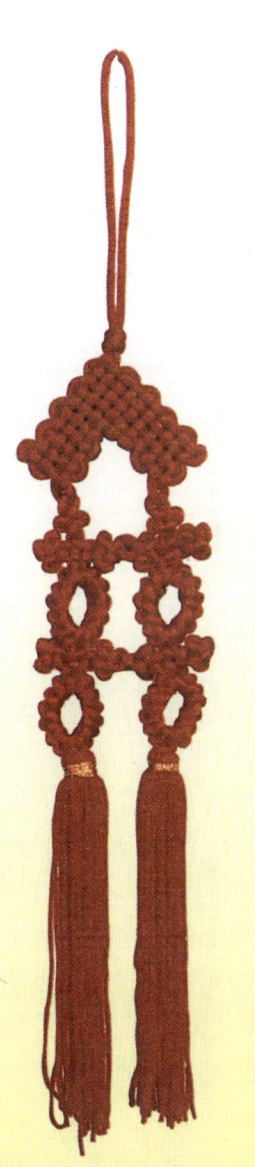

双喜结（shuāngxǐjié）
Double happiness knot

草花结（cǎohuājié）
Straw flower knot

团圆结（tuányuánjié）
Togetherness knot

CONTENTS

Chinese Phonetic Transcription (*Pinyin*)

Unit One — School, Classmates and Teachers — 1

1 你好 ………………………………………… 2
2 再见 ………………………………………… 6
3 我是王家明 ………………………………… 10
4 谢谢 ………………………………………… 14
5 她们是学生吗 ……………………………… 20
6 他们是我的朋友 …………………………… 25
Unit Summary …………………………………… 30

Unit Two — Hanging out with My Friends — 33

7 他是谁 ……………………………… 35
8 谁是你的好朋友 …………………… 41
9 你有几张中文光盘 ………………… 47
10 这是谁的钱包 ……………………… 54
11 祝你生日快乐 ……………………… 59
12 今天我很高兴 ……………………… 64
Unit Summary ………………………………… 68

Unit Three   *My Family and I*   71

13 你多大 …………………… 73
14 这是我的狗 ………………… 77
15 你从哪里来 ………………… 81
16 我住在柏树街 ……………… 86
17 你家有几口人 ……………… 91
18 我爸爸是医生 ……………… 95
Unit Summary ……………… 100

Unit Four   *Four Seasons of the Year*   102

19 现在几点 …………………… 104
20 你每天几点起床 …………… 109
21 昨天、今天、明天 ………… 114
22 星期六你干什么 …………… 120
23 今天天气怎么样 …………… 125
24 冬天冷，夏天热 …………… 130
Unit Summary ……………… 136

Unit Five   *Food and Clothing*   138

25 我要二十个饺子 ················ 140
26 你们家买不买年货 ············ 145
27 一共多少钱 ···················· 150
28 你喜欢什么颜色 ··············· 155
29 穿这件还是穿那件 ············ 160
30 他什么样子 ···················· 165
Unit Summary ···················· 170

Unit Six   *Sports and Health*   172

31 你哪儿不舒服 ················· 173
32 医生，我牙疼 ················· 178
33 你会游泳吗 ···················· 183
34 去游泳池怎么走 ··············· 188
35 你去哪儿度暑假 ··············· 194
36 运动场上有很多人 ··········· 199
Unit Summary ···················· 205

Appendices   207

I Class Activity ·· 207
   1. Flying Chess of Chinese
   2. A Maze of Color
   3. Chinese Competition in the Forbidden City
II Vocabulary ·· 213
III Chinese Characters ··· 225

Table of Combinations of Initials and Finals in Chinese

Chinese Phonetic Transcription (*Pinyin*)

1. Formula for the Chinese Phonetic Transcription (*Pinyin*).

initials	b p m f	d t n l
	g k h	j q x
	zh ch sh r	z c s

finals	simple finals	a	o	e	i	u	ü
	compound finals	ai ao	ou	ei	ia ie iao iou	ua uo uai uei	üe
	nasal compound finals	an ang	ong	en eng	ian in iang ing iong	uan uen uang ueng	üan ün

2. Tones.

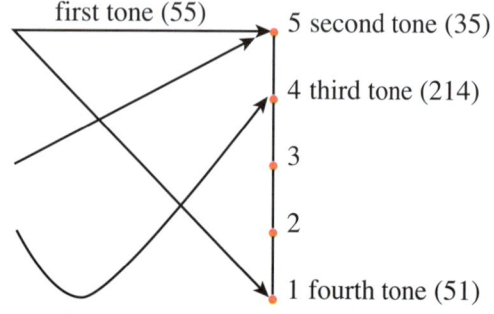

first tone (55)
5 second tone (35)
4 third tone (214)
3
2
1 fourth tone (51)

3. A Chinese syllable is made up of an initial, a final and a tone. For example:

initials	finals	tones	syllables
n	i	ˇ	nǐ
h	ao	ˇ	hǎo

4. A difference in tone means a difference in meaning.

mā (mum)　　　má (flax)　　　mǎ (horse)　　　mà (swear)

wēn (warm)　　wén (smell)　　wěn (kiss)　　wèn (ask)

fāng (square)　fáng (house)　fǎng (visit)　fàng (put down)

qī (seven)　　qí (ride)　　qǐ (get up)　　qì (angry)

Unit One

School, Classmates and Teachers

Look and say

1 你 好
nǐ hǎo

Wang Jiaming, a freshman, is meeting his classmate for the first time.

家明：你好！　　　　Jiāmíng: Nǐ hǎo!
大卫：你好！　　　　Dàwèi: Nǐ hǎo!
家明：我叫王家明。　Jiāmíng: Wǒ jiào Wáng Jiāmíng.
大卫：我叫大卫。　　Dàwèi: Wǒ jiào Dàwèi.

New words
1. 你　nǐ　(pron.)　you
2. 好　hǎo　(adj.)　good
3. 我　wǒ　(pron.)　I; me
4. 叫　jiào　(v.)　call; name

Proper nouns
- 王家明　Wáng Jiāmíng　Wang Jiaming
- 大卫　Dàwèi　David

2

Read, then practice with a partner.

(Nǐ hǎo, wǒ jiào Mary.)
(Nǐ hǎo, Jack.)
(Nǐ hǎo, Lisa.)
(Nǐ hǎo, wǒ jiào Tom.)
(Zǎoshang hǎo①, Linda.)
(Wǎnshang hǎo②, Jack.)
(Wǎnshang hǎo, Bob.)
(Zǎoshang hǎo, Julia.)

On your own: Complete the following dialogues.

A: Nǐ hǎo, wǒ _____ Emma Williams.   A: Zǎoshang hǎo, Bob.

B: _____ , _____ Alice Harris.   B: _____ , Charlie.

Class activity

Do you have a Chinese name? If you don't, choose one for yourself. If you do, write it on the blackboard and tell us what it means.

Common boy's names		
家 family jiā	伟 great wěi	军 army jūn
明 bright míng	光 light guāng	凯 victorious kǎi

Common girl's names		
美 beautiful měi	芳 fragrant fāng	淑 fair, kind shū and gentle
云 cloud yún	梅 plum méi	娟 graceful juān

---

① Good morning.

② Good evening.

Phonetics

1. Read the following sounds.

initials	finals	tones	syllables	
	uo	ˇ	wǒ	
j	iao	ˋ	jiào	wǒ jiào
	uang	ˊ	wáng	
j	ia	ˉ	jiā	
m	ing	ˊ	míng	Wáng Jiāmíng
d	a	ˋ	dà	
	uei	ˋ	wèi	Dàwèi

2. Rules of the Chinese Phonetic Transcription (*Pinyin*).

(1) Special syllables

	syllables that contain liaison of the initial and the final	zi ci si	zhi chi shi ri	
special syllables	syllables without initials (zero initials)	yi (-i) ye (-ie) yin (-in) ying (-ing)	wu (-u) wa (-ua) wai (-uai) wei (-uei) wo (-uo) wang (-uang) weng (-ueng)	yu (-ü) yun (-ün) yue (-üe) yuan (-üan)

(2) Tone sandhi

original tones	actual tones
nǐ + hǎo	ní hǎo (When two characters of the third tone are joined together, the first one is pronounced with a second tone.)

 **Can you sing it?**

Chinese characters

Here are some examples of different kinds of Chinese characters. Can you spot the difference between each line of characters?

我	王	大	卫
你	好	叫	明
家			

2 再 见
zài jiàn

林老师：同学们好！　　Lín lǎoshī: Tóngxuémen hǎo!
同学们：老师好！　　　Tóngxuémen: Lǎoshī hǎo!

林老师：同学们再见！　Lín lǎoshī: Tóngxuémen zàijiàn!
同学们：林老师再见！　Tóngxuémen: Lín lǎoshī zàijiàn!

New words

1. 同学　tóngxué　(n.)　classmate[①]
2. 们　　men　　　　　a suffix[②]
3. 老师　lǎoshī　(n.)　teacher[③]
4. 再见　zàijiàn　(v.)　see you; goodbye

Proper noun
- 林（老师）

  Lín (lǎoshī)

  a surname

Classroom Chinese
- Xiànzài shàngkè!　Let's begin class.
- Xiànzài xiàkè!　　Class is over.

Read, then practice with a partner.

---

① Here a form of address used in speaking to a student.

② Used to form a plural number when added to a personal pronoun or a noun referring to a person (not used when the pronoun or noun is preceded by a numeral or an intensifier).

③ Here sir or madam.

④ See you tomorrow.

On your own: Connect the following people with what they say.

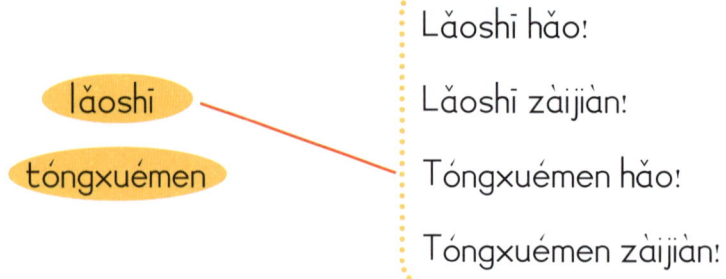

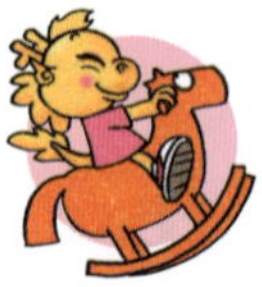

Class activity

1. Go around the room. Practice greeting classmates and then saying goodbye.
2. Make a Chinese paper pinwheel.

Phonetics

1. **Listen to the recording, and then complete the following exercises.**

    (1) Write down the syllables (including the tones) you hear, and then read them out.

    (2) Answer the following questions: Who is talking? What are they talking about?

2. **Read the combinations of the initials and the finals in four tones.**

	a	ai	ao	an	ang	o	ou	e	ei	en	eng
b	ba	bai	bao	ban	bang	bo			bei	ben	beng
p	pa	pai	pao	pan	pang	po	pou		pei	pen	peng
m	ma	mai	mao	man	mang	mo	mou	me	mei	men	meng
f	fa			fan	fang	fo	fou		fei	fen	feng

8

3. **Listen to the recording, and then choose the syllables you hear.**

bā	bài	máo	máng
pā	pài	mái	fáng

bèi	mén	bēng	móu
mèi	fēn	péng	pōu

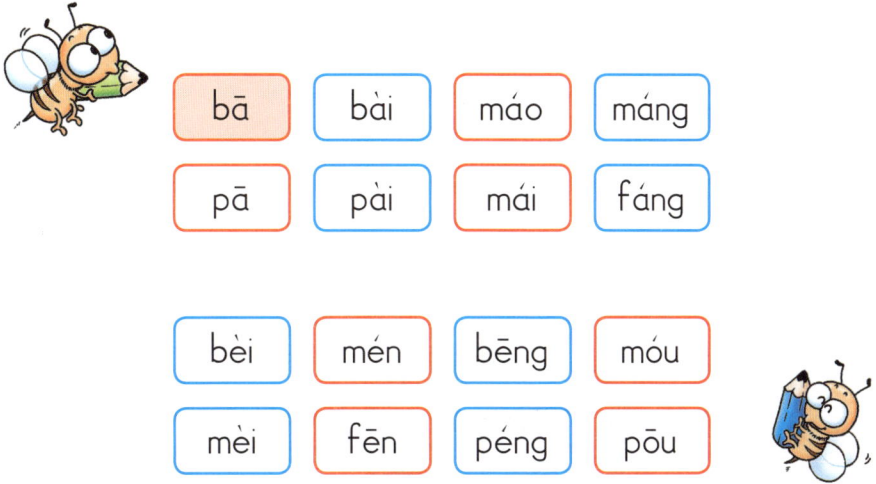

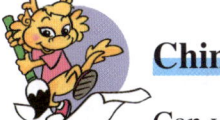

Chinese characters

Can you spot the difference between each line of Chinese characters?

再	见	
们	师	林
学	同	老

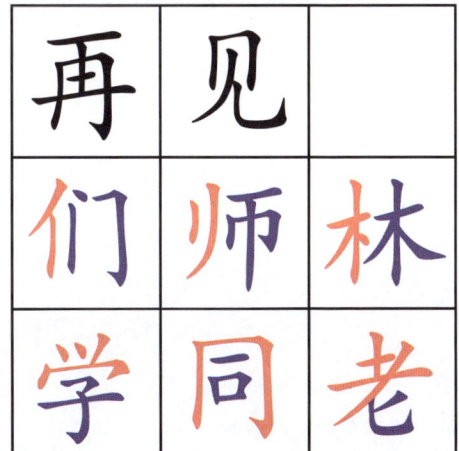

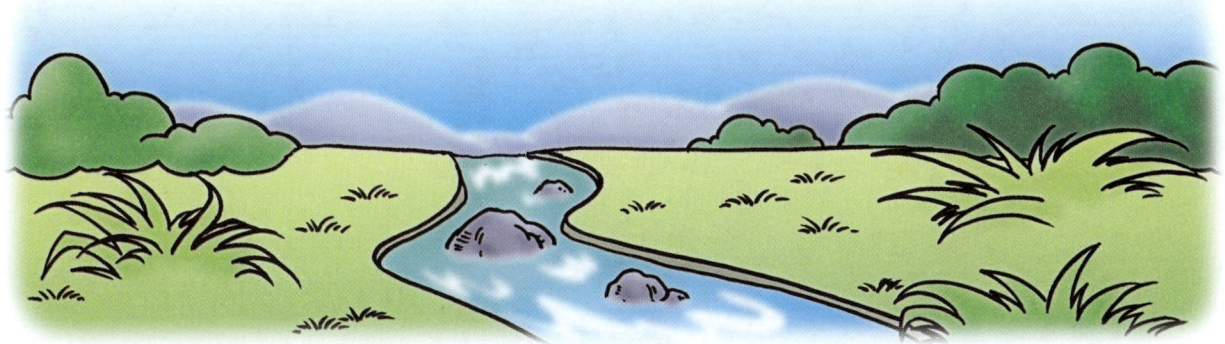

3 我是王家明
wǒ shì wáng jiā míng

Wang Jiaming comes to a biology class for the first time.

家 明：林老师好！
　　　　我是王家明。
林老师：你好！

Jiāmíng: Lín lǎoshī hǎo!
　　　　Wǒ shì Wáng Jiāmíng.
Lín lǎoshī: Nǐ hǎo!

The teacher groups Wang Jiaming, Mary and Jack together to conduct an experiment and now they get to know each other.

林老师：她是玛丽，
　　　　他是杰克。
家 明：你们好！
玛丽、杰克：你好！

Lín lǎoshī: Tā shì Mǎlì,
　　　　　　tā shì Jiékè.
Jiāmíng: Nǐmen hǎo!
Mǎlì、Jiékè: Nǐ hǎo!

10

New words

1. 是　shì　　(v.)　　be (is/am/are)
2. 她　tā　　 (pron.)　she; her
3. 他　tā　　 (pron.)　he; him
4. 你们　nǐmen　(pron.)　you (plural)

Proper nouns
- 玛丽　Mǎlì　Mary
- 杰克　Jiékè　Jack

Classroom Chinese
- Qǐng gēn wǒ shuō!
  Please say it after me.

Read, then practice with a partner.

On your own: Practice introducing two friends to each other.

Nǐ hǎo, tā shì _____ , tā _____ .   Nǐ hǎo, tā shì _____ , tā _____ .

Class activity: Who are you?

Use a "fake" name to introduce yourself to your partner. See if he can guess who you are.

Phonetics

1. **Listen to the recording, and then complete the following exercises.**
   (1) Write down the syllables (including the tones) you hear, and then read them out.
   (2) Answer the following questions: How many people are talking? Who are they?

2. **Read the combinations of the initials and the finals in four tones.**

	i	ie	iao	ian	in	ing	u
b	bi	bie	biao	bian	bin	bing	bu
p	pi	pie	piao	pian	pin	ping	pu
m	mi	mie	miao	mian	min	ming	mu
f							fu

3. **Listen to the recording, and then choose the syllables you hear.**

bí	biē	biǎo	biān
pí	piē	piào	piàn
mí	miē	miào	miǎn

bá	bǔ	bìn	bīng
pá	fǔ	pìn	pīng
má	mǔ	mìn	míng

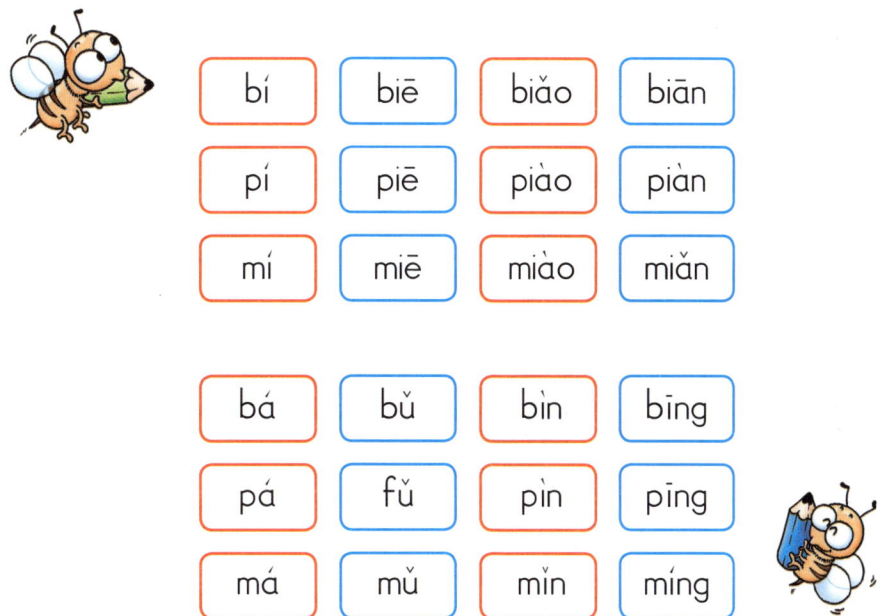

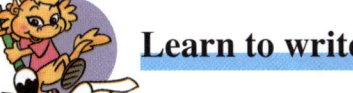

Learn to write

Can you spot the difference between each line of Chinese characters?

丽		
玛		
是	杰	克

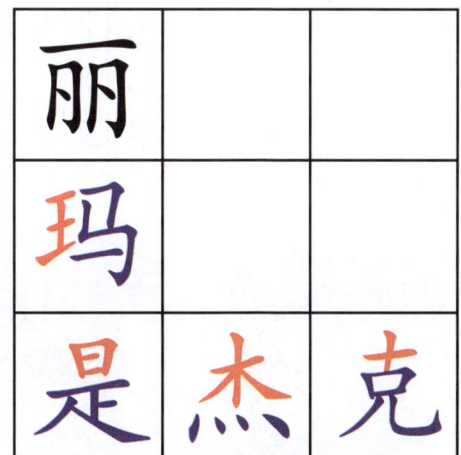

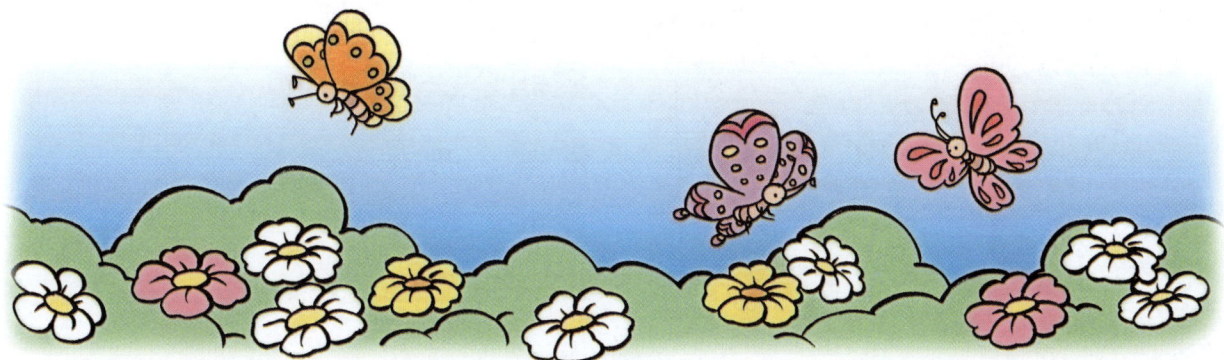

谢 谢
xiè xie

老师：谢谢你！
家明：不客气。

Lǎoshī: Xièxie nǐ!
Jiāmíng: Bú kèqi.

老师：你叫什么名字？
家明：我叫王家明。

Lǎoshī: Nǐ jiào shénme míngzi?
Jiāmíng: Wǒ jiào Wáng Jiāmíng.

家明：老师再见。
老师：再见。

Jiāmíng: Lǎoshī zàijiàn.
Lǎoshī: Zàijiàn.

New words

1. 谢谢　　xièxie　　(v.)　　thank
2. 不客气　bú kèqi　　　　　You're welcome.
3. 什么　　shénme　（pron.）what
4. 名字　　míngzi　　(n.)　　name

Classroom Chinese

- Qǐng kàn hēibǎn!　　Please look at the blackboard.

Read, then practice with a partner.

On your own: Complete the following sentences.

Nǐ hǎo, wǒ jiào Cathy. Nǐ jiào _____ ?

Nǐ hǎo, wǒ jiào Julia. Nǐ _____ ?

A: Xièxie!

B: _____ .

A: _____ !

B: Bú kèqi.

Class activity: Getting to know new friends.

The students walk casually around the classroom, pretending not to know each other, while the teacher taps the table, gradually increasing the tempo until coming to a sudden stop. The two students closest to each other must begin to introduce themselves.

Nǐ hǎo, wǒ jiào ...
Nǐ jiào shénme míngzi?

Nǐ hǎo, wǒ jiào ...

Phonetics

1. **Listen to the recording, and then complete the following exercises.**
   (1) Write down the syllables (including the tones) you hear, and then read them out.
   (2) Answer the following question: What are the persons in the two dialogues talking about?

2. **Read the combinations of the initials and the finals in four tones.**

	a	ai	ao	an	ang	ou	ong	e	ei	en	eng
d	da	dai	dao	dan	dang	dou	dong	de	dei	den	deng
t	ta	tai	tao	tan	tang	tou	tong	te			teng
n	na	nai	nao	nan	nang	nou	nong	ne	nei	nen	neng
l	la	lai	lao	lan	lang	lou	long	le	lei		leng

3. **Listen to the recording, and then choose the syllables you hear.**

4. **Read the words and phrases below and pay attention to tone sandhi.**

| bù'ān | bù lái | bù děng | bú yào |
| unease | not to come | not to await | not to want |

Learn to write

1. General introduction to Chinese characters

Chinese characters are a written language that transcribes spoken Chinese. Because they occupy a square shape, we call them "square-shaped characters". Each Chinese character is composed of several different strokes, and the number of strokes varies greatly with each different character. The Chinese character is one of the oldest writing systems in the world. During its long history, the shape they have taken has evolved continuously, but at the core it remains the same as when it was first invented.

2. The evolution of characters

甲骨文 ① jiǎ gǔ wén	金文 ② jīn wén	籀文 ③ zhòu wén	小篆 ④ xiǎo zhuàn	楷书 ⑤ kǎi shū / 繁体字 ⑥ fán tǐ zì	简体字 ⑦ jiǎn tǐ zì
𠂉	𠂉	入	儿	人	人
𩵋	𩵋	𩵋	魚	魚	鱼
林	林	林	林	林	林
國	國	國	國	國	国

---

① Inscriptions on shells or bones.

② Inscriptions on ancient bronze objects.

③ Ancient style of calligraphy, current in the Zhou Dynasty (11th century BC-256 BC).

④ An ancient style of calligraphy, adopted in the Qin Dynasty for the purpose of standardizing the Chinese script.

⑤ Regular script.

⑥ Traditional characters.

⑦ Simplified characters.

3. Structure of Chinese characters

Can you spot the difference between each line of Chinese characters?

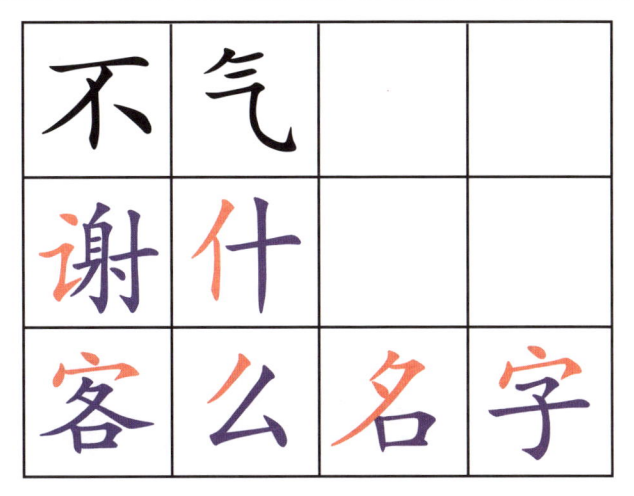

不	气		
谢	什		
客	么	名	字

4. Strokes of Chinese characters

Since the Chinese character is made up of different strokes, we'd like to introduce you some of the basic strokes.

stroke pictures	、	一	丨
names	diǎn dot stroke	héng horizontal line	shù vertical line
stroke directions	↘	→	↓
examples	家 丽	王 大	王 们

5. Tell the names of the following strokes.

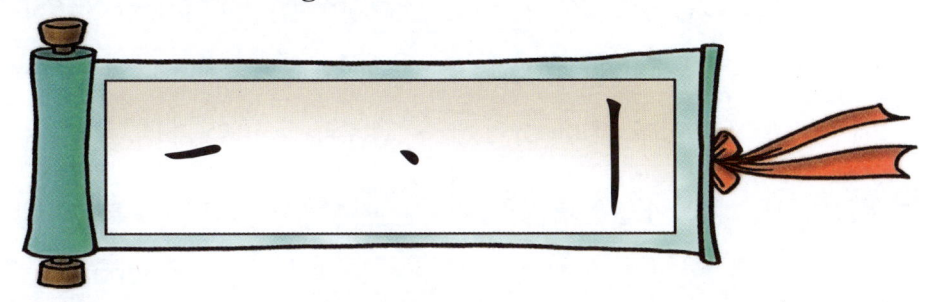

一 、 丨

19

5 她们是学生吗

tā men shì xué sheng ma

At the school art festival, the principal is presenting awards after the girls finished their performance. Wang Jiaming is asking Jack who they are.

家明：她们是学生吗？

杰克：是，她们是学生。

家明：他是老师吗？

杰克：不，他不是老师，他是校长。

Jiāmíng: Tāmen shì xuésheng ma?

Jiékè: Shì, tāmen shì xuésheng.

Jiāmíng: Tā shì lǎoshī ma?

Jiékè: Bù, tā bú shì lǎoshī, tā shì xiàozhǎng.

20

New words

1. 她们　tāmen　　(pron.)　they; them (female)
2. 学生　xuésheng　(n.)　　student
3. 吗　　ma　　　 (part.)　 a particle word [1]
4. 校长　xiàozhǎng　(n.)　headmaster; principal; (university or college) president

Classroom Chinese

• Qǐng dǎkāi shū!　Please open your books.

Read, then practice with a partner.

Nǐ shì Jiékè ma?

Shì, wǒ shì Jiékè.

Nǐ shì Lín lǎoshī ma?

Shì, wǒ shì Lín lǎoshī.

Bù, tā bú shì xiàozhǎng, tā shì lǎoshī.

Tā shì xiàozhǎng ma?

Bù, tā bú shì xuésheng, tā shì lǎoshī.

Tā shì xuésheng ma?

---

[1] Used at the end of a yes-no question.

21

On your own: Complete the following sentences.

A: Tāmen shì xuésheng ma?
B: Shì, _____ .

A: Tā shì lǎoshī ma?
B: Shì, _____ .

A: Tā shì xiàozhǎng ma?
B: Shì, _____ .

A: Tāmen shì lǎoshī ma?
B: Bù, _____ .

Class activity: Read my mind.

Write down the names of a teacher, a principal and a friend whom everyone is familiar with. Have a student choose one from the three, without telling anyone else. Have the other students try to guess which one the student has chosen.

| the teacher's name | the principal's name | the friend's name |

A: "Shì lǎoshī ma?" "Shì xiàozhǎng ma?" "Shì _____ ma? (the friend's name)"

B: "Shì, shì _____ ." " Bù, bú shì _____ ."

Phonetics

1. **Listen to the recording, and then complete the following exercises.**
   (1) Write down the syllables (including the tones) you hear, and then read them out.
   (2) Answer the following questions: What is the girl asking about? How does the boy respond?

2. **Read the combinations of the initials and the finals in four tones.**

	i	ie	iao	iou	ian	iang	in	ing	u	uei	uo	uan	uen	ü	üe
d	di	die	diao	diu	dian			ding	du	dui	duo	duan	dun		
t	ti	tie	tiao		tian			ting	tu	tui	tuo	tuan	tun		
n	ni	nie	niao	niu	nian	niang	nin	ning	nu		nuo	nuan		nü	nüe
l	li	lie	liao	liu	lian	liang	lin	ling	lu		luo	luan	lun	lü	lüe

3. **Listen to the recording, and then choose the syllables you hear.**

| dí | niè | diào | dīng |
| tí | liè | tiào | tīng |

| nǔ | niú | nuǎn | niáng |
| lǔ | liú | luǎn | liáng |

23

Learn to write

1. Structure of Chinese characters

   Can you spot the difference between each line of Chinese characters?

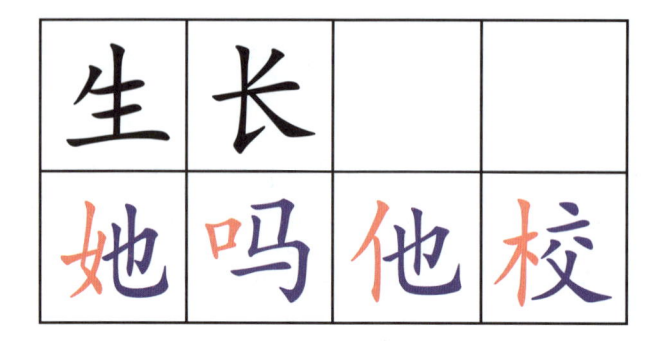

生	长		
她	吗	他	校

2. Strokes of Chinese characters

stroke pictures	ノ	丶	一
names	piě left-falling stroke	nà right-falling stroke	hénggōu horizontal line and a hook
stroke directions	↙	↘	→
examples	家 大	校 长	学 好

3. Tell the names of the following strokes.

   一 丶 丶 ノ 一 丨

6 他们是我的朋友

tā men shì wǒ de péng you

Jack and his classmates come to register themselves as volunteers for the community, and now he is introducing himself and his classmates to the staff member there.

你好，我叫杰克。他们是我的朋友，他叫王家明，她叫玛丽。我们是中学生。

Nǐ hǎo, wǒ jiào Jiékè. Tāmen shì wǒ de péngyou, tā jiào Wáng Jiāmíng, tā jiào Mǎlì. Wǒmen shì zhōngxuéshēng.

New words

1. 他们　　tāmen　　　　　(pron.)　　they; them (male)
2. 的　　　de　　　　　　　(part.)　　a particle word①
3. 朋友　　péngyou　　　　(n.)　　　friend
4. 我们　　wǒmen　　　　　(pron.)　　we; us
5. 中学生　zhōngxuéshēng　(n.)　　　high school student

① Used after an attribute, such as when the attribute is a personal pronoun or a name, as in the text.

Classroom Chinese
- Qǐng zài shuō yí biàn! Please say it again.

Read and match

他	她	他们	她们
tā	tā	tā men	tā men

On your own: Complete the following sentences.

A: Tāmen shì nǐ de péngyou ma?
B: Shì, _____ .

A: Tāmen shì nǐ de tóngxué ma?
B: Shì, _____ .

A: Tāmen shì nǐ de lǎoshī ma?
B: Shì, _____ .

A: Tāmen shì nǐ de péngyou ma?
B: Bù, _____ .

26

Class activity: Introduction.

Divide the class into several groups, each including 5-6 students. First have the students take turns introducing each other to the rest of the group, then have them choose one representative to introduce that group to the whole class.

Can you sing it?

找 朋 友
zhǎo péng you

找 啊 找 啊 找 朋 友， 找 到 一 个 好 朋 友。
敬 个 礼 啊 握 握 手， 你 是 我 的 好 朋 友。 再 见！

Zhǎo a zhǎo a zhǎo péngyou,
Zhǎodào yí ge hǎo péngyou.
Jìng ge lǐ a wo wo shǒu,
Nǐ shì wǒ de hǎo péngyou. Zàijiàn!

I'm looking for a friend.
I've found a good one.
Salute and shake hands,
You are my good friend. Goodbye.

Phonetics

1. Listen to the recording, and then complete the following exercises.

(1) Write down the syllables (including the tones) you hear, and then read them out.
(2) Answer the following questions: What's the teacher's surname? Who is Mary's friend? Are Tom and Emily college students?

2. Read the combinations of the initials and the finals in four tones.

(1)

	u	ua	uai	ui	uo	uan	uen	uang	ü	üe	üan	ün
g	gu	gua	guai	gui	guo	guan	gun	guang				
k	ku	kua	kuai	kui	kuo	kuan	kun	kuang				
h	hu	hua	huai	hui	huo	huan	hun	huang				
j									ju	jue	juan	jun
q									qu	que	quan	qun
x									xu	xue	xuan	xun

(2)

	a	ai	ao	an	ang	e	ei	en	eng	ou	ong	i	ia	ie	iao	iou	ian	iang	in	ing	iong
g	ga	gai	gao	gan	gang	ge	gei	gen	geng	gou	gong										
k	ka	kai	kao	kan	kang	ke	kei	ken	keng	kou	kong										
h	ha	hai	hao	han	hang	he	hei	hen	heng	hou	hong										
j												ji	jia	jie	jiao	jiu	jian	jiang	jin	jing	jiong
q												qi	qia	qie	qiao	qiu	qian	qiang	qin	qing	qiong
x												xi	xia	xie	xiao	xiu	xian	xiang	xin	xing	xiong

3. Listen to the recording, and then choose the syllables you hear.

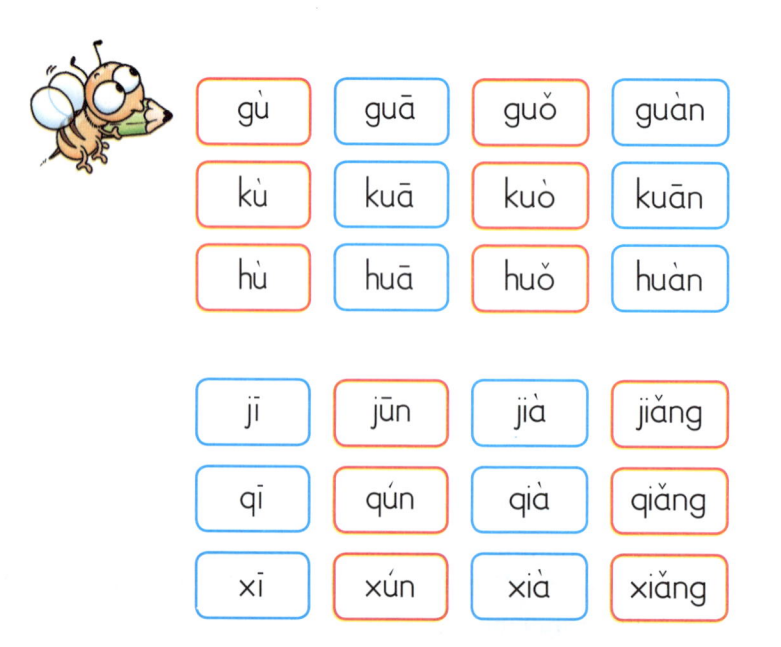

gù	guā	guǒ	guàn
kù	kuā	kuò	kuān
hù	huā	huǒ	huàn

jī	jūn	jià	jiǎng
qī	qún	qià	qiǎng
xī	xún	xià	xiǎng

Learn to write

1. Structure of Chinese characters

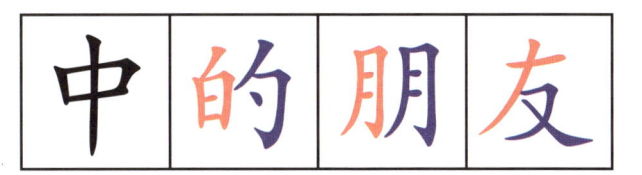

中 的 朋 友

2. Strokes of Chinese characters

There are altogether 6 basic strokes in Chinese characters, but sometimes they also have variants. The following are some of the examples.

stroke pictures	亅	㇀	𠃍	𠃌
names	shùgōu vertical line and a hook	tí rising stroke	héngzhé horizontal line and then a turning	héngzhégōu horizontal line and then a down turning with a hook
stroke directions	↓	↗	→↓	→↓
examples	你	我	明 叫	他 们

29

Unit Summary

FUNCTIONAL USAGE

1. Greetings

你 好!
nǐ hǎo

您 好!
nín hǎo

你 们 好!
nǐ men hǎo

同 学 们 好!
tóng xué men hǎo

老 师 好!
lǎo shī hǎo

2. Expressing gratitude

谢 谢。
xiè xie

不 客 气!
bú kè qi

3. Saying farewell

再 见!
zài jiàn

4. Introducing oneself

我 叫……
wǒ jiào

我 是……
wǒ shì

5. Inquiring about others

你 叫 什 么 名 字?
nǐ jiào shén me míng zi

他 是 学 生 吗?
tā shì xué sheng ma

6. Introducing others

他 是……
tā shì

她 是……
tā shì

他 们 是……
tā men shì

她 们 是……
tā men shì

GRAMMAR FOCUS

Sentence pattern　　　　**Example**

1. 你 好
   nǐ hǎo

   你 好！
   nǐ hǎo

   你 们 好！
   nǐ men hǎo

2. 我 叫……
   wǒ jiào

   我 叫 杰 克。
   wǒ jiào jié kè

   我 叫 王 家 明。
   wǒ jiào wáng jiā míng

3. 我 是……
   wǒ shì

   我 是 学 生。
   wǒ shì xué sheng

   我 是 老 师。
   wǒ shì lǎo shī

4. 是……吗?
   shì   ma

   他 是 中 学 生 吗?
   tā shì zhōng xué shēng ma

   他 是 校 长 吗?
   tā shì xiào zhǎng ma

5. 不 是……
   bú shì

   她 不 是 学 生。
   tā bú shì xué sheng

   他 们 不 是 中 学 生。
   tā men bú shì zhōng xué shēng

6. ……的……
   　　de

   他 们 是 我 的 朋 友。
   tā men shì wǒ de péng you

   我 是 林 老 师 的 学 生。
   wǒ shì lín lǎo shī de xué sheng

STROKES OF CHINESE CHARACTERS

stroke pictures	names	stroke directions	examples
、	diǎn dot stroke	↘	家 丽
一	héng horizontal line	→	王 大
丨	shù vertical line	↓	王 们
丿	piě left-falling stroke	↙	家 大
㇏	nà right-falling stroke	↘	校 长
㇗	hénggōu horizontal line and a hook	→↙	学 好
亅	shùgōu vertical line and a hook	↓↙	你
㇀	tí rising stroke	↗	我
㇅	héngzhé horizontal line and then a turning	→↓	明 叫
㇆	héngzhégōu horizontal line and then a down turning with a hook	→↓↙	他 们

Unit Two

Hanging out with My Friends

Look and say

Nǐ zhǎo shuí?

Zhù nǐ shēngrì kuàilè!

dǎ lánqiú

tī zúqiú

xué Hànyǔ

tīng yīnyuè

chī dàngāo

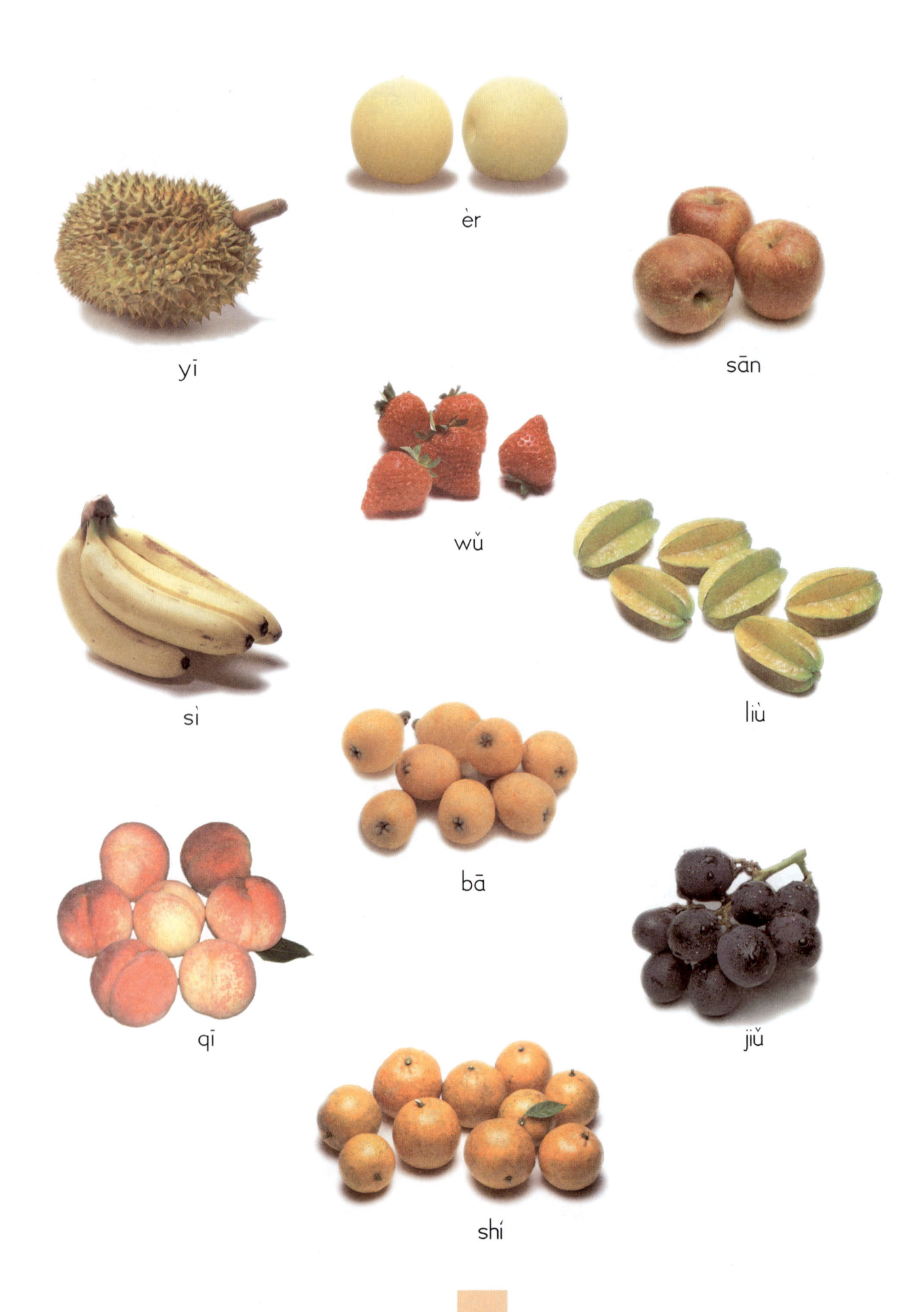

èr

yī

sān

wǔ

sì

liù

qī

bā

jiǔ

shí

34

7 他是谁
tā shì shuí

David is playing soccer when Wang Jiaming walks by, so David waves to him. The coach asks David something about Wang Jiaming.

教练：他是谁？
jiào liàn　tā shì shuí

大卫：他是我的朋友王家明。
dà wèi　tā shì wǒ de péng you wáng jiā míng

教练：他也踢足球吗？
jiào liàn　tā yě tī zú qiú ma

大卫：不，他不踢足球，他打篮球。
dà wèi　bù　tā bù tī zú qiú　tā dǎ lán qiú

New words

1. 谁　　shuí　　(pron.)　　who
2. 也　　yě　　(adv.)　　also; too
3. 踢　　tī　　(v.)　　play
4. 足球　zúqiú　（n.)　football; soccer
5. 打　　dǎ　　(v.)　　play
6. 篮球　lánqiú　(n.)　basketball

Classroom and daily Chinese

- Qǐng jìn!　　Please come in.
- Qǐng zuò!　　Please take a seat.
- Qǐng hē chá:　Please have some tea.

Read aloud

dǎ wǎngqiú

dǎ yǔmáoqiú

dǎ bīngqiú

dǎ bàngqiú

dǎ pīngpāngqiú

dǎ páiqiú

On your own: Ask and answer questions based on the following pictures.

Example

A: Tā shì shuí?

B: Tā shì _____.

Conversation practice: Substitute the alternate words to make a new dialogue.

Example

A: Tā shì shuí?

B: Tā shì wǒ de péngyou Wáng Jiāmíng.

A: Tā yě dǎ wǎngqiú ma?

B: Shì, tā yě dǎ wǎngqiú.

1. Dàwèi   bàngqiú
2. Mǎlì   yǔmáoqiú
3. Líndá   páiqiú
4. Jiékè   bīngqiú

Class activity

Bring a picture of you and your friends and talk about what sports they like.

Tā shì shuí? Tā dǎ shénme qiú?

Phonetics

1. **Listen to the recording, and then complete the following exercises.**

    (1) Write down the syllables (including the tones) you hear, and then read them out.

    (2) Answer the following questions: Who is Tom's friend? What ball game does Tom play?

2. **The combinations of initials, finals and tones.**

    (1) Pronounce the following syllables as a whole.

zhi	chi	shi	ri	zi	ci	si	er

38

(2) Read the combinations of the initials and the finals in four tones.

	a	ai	ao	an	ang	ou	ong
zh	zha	zhai	zhao	zhan	zhang	zhou	zhong
z	za	zai	zao	zan	zang	zou	zong
ch	cha	chai	chao	chan	chang	chou	chong
c	ca	cai	cao	can	cang	cou	cong
sh	sha	shai	shao	shan	shang	shou	
s	sa	sai	sao	san	sang	sou	song
r			rao	ran	rang	rou	rong

3. Listen to the recording, and then choose the syllables you hear.

zā	sǐ	chén	zhàng
cā	zǐ	shén	chàng
sā	cǐ	zhēn	shàng

rǎo	cāi	zhòu	zōng
shǎo	zāi	shòu	zhōng
chǎo	sāi	chòu	chōng

39

Learn to write

1. **Structure of Chinese characters**

也	谁	踢	打
球	足	篮	

2. **Stroke order of Chinese characters**

Stroke order of Chinese character refers to the right order you should follow when writing a Chinese character. There are several rules for you to follow when writing different strokes.

(1) Horizontal line first, vertical line second; from top to bottom.

(2) From left to right; the down stroke to the left before the one to the right.

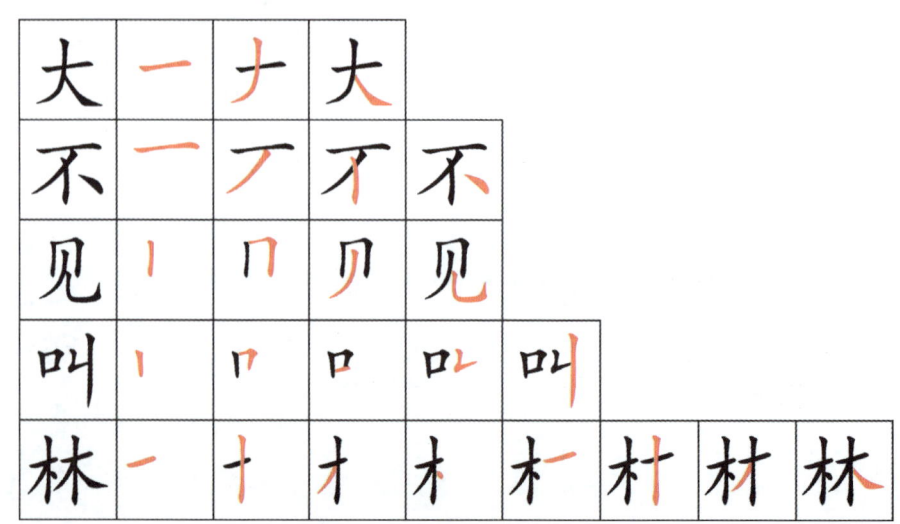

8 谁是你的好朋友
shuí shì nǐ de hǎo péng you

Wang Jiaming is talking with his father about his friends.

爸爸：家明，你有好朋友吗？
bà ba　jiā míng　nǐ yǒu hǎo péng you ma

家明：有啊。
jiā míng　yǒu a

爸爸：谁是你的好朋友？
bà ba　shuí shì nǐ de hǎo péng you

家明：大卫是我的好朋友，玛丽和艾米丽也是我的
jiā míng　dà wèi shì wǒ de hǎo péng you　mǎ lì hé ài mǐ lì yě shì wǒ de

好朋友。
hǎo péng you

爸爸：他们都学汉语吗？
bà ba　tā men dōu xué hàn yǔ ma

家明：不，艾米丽不学汉语，她学法语。
jiā míng　bù　ài mǐ lì bù xué hàn yǔ　tā xué fǎ yǔ

New words

1. 有　　yǒu　　(v.)　　have
2. 啊　　a　　　(part.)　a particle word①
3. 都　　dōu　　(adv.)　both; all
4. 学　　xué　　(v.)　　learn; study
5. 汉语　Hànyǔ　(n.)　　the Chinese language
6. 法语　Fǎyǔ　 (n.)　　the French language

Proper noun

- 艾米丽

  Àimǐlì

  Emily

Classroom Chinese

- Qǐng ānjìng!　　　Please be quiet.
- Qǐng tīng wǒ shuō!　Please listen to me.

Read aloud: What language are they studying?

Hànyǔ 　　　　Yīngyǔ 　　　　Fǎyǔ

Rìyǔ 　　　　Déyǔ

---

① Attached to the end of a sentence to show approval or affirmation, admiration etc.

42

On your own: Ask and answer questions based on the following pictures.

Example

Nǐ yǒu péngyou ma?

Yǒu, wǒ yǒu péngyou.

shūbāo    wénjùhé    qiānbǐ

Conversation practice: Substitute the alternate words to make a new dialogue.

Example

A: Nǐ yǒu hǎo péngyou ma?

B: Yǒu a. Wáng Jiāmíng shì wǒ de hǎo péngyou, Mǎlì yě shì wǒ de hǎo péngyou.

A: Tāmen dōu xué Hànyǔ ma?

B: Shì, tāmen dōu xué Hànyǔ.

1.	Jim	Emma	xué Fǎyǔ
2.	Bob	Stanley	xué Rìyǔ
3.	Linda	Tom	dǎ lánqiú
4.	Henry	Alice	dǎ wǎngqiú

43

Class activity

1. **Possessions.**

    Make a list of your possessions, including classroom objects and personal items, then check with a partner.

    A: Nǐ yǒu ... ma?

    B: Yǒu, wǒ yǒu ...

    (Méiyǒu, wǒ méiyǒu ...)①

2. **Let's make a Chinese paper fan!**

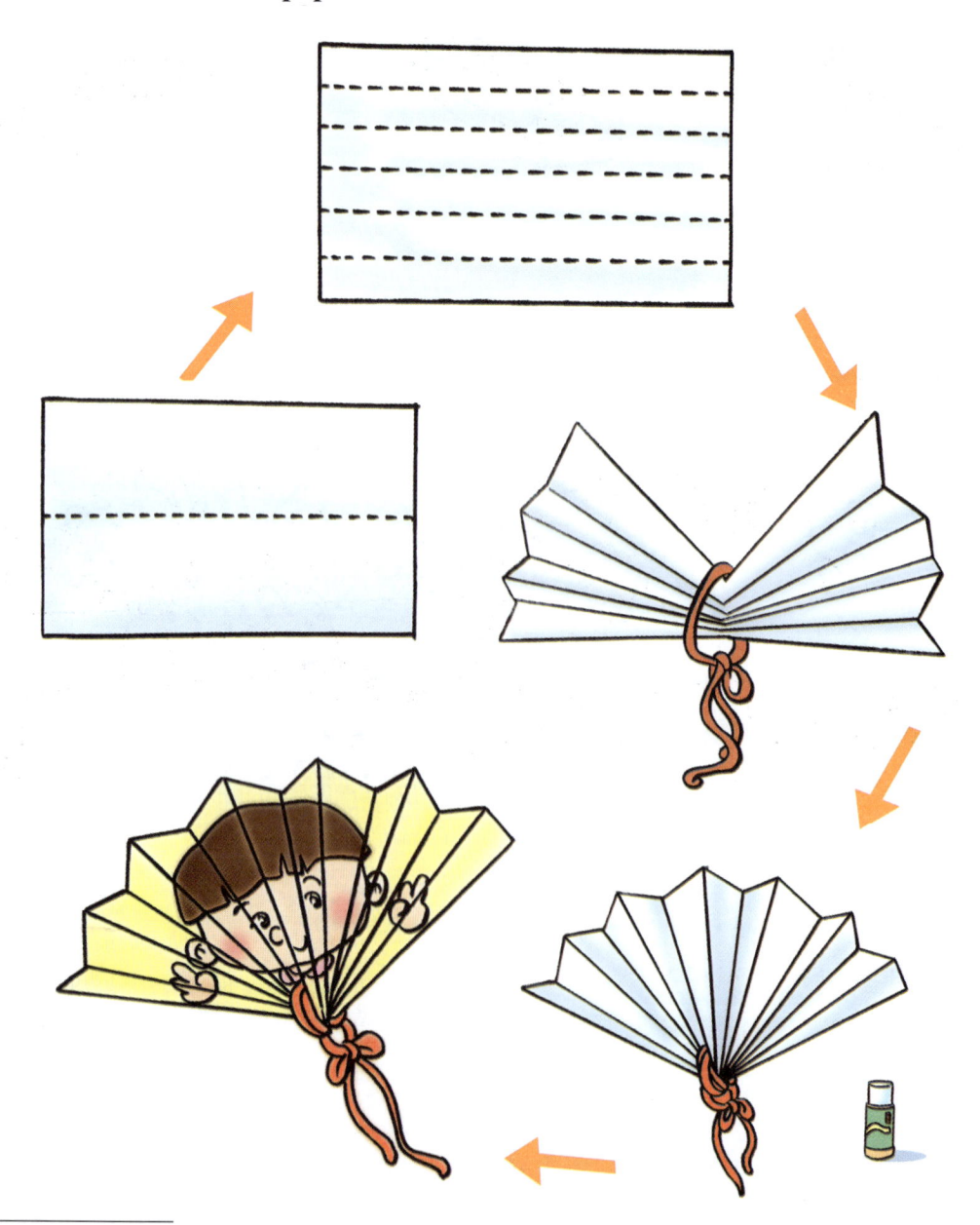

---

① I haven't ...

Phonetics

1. Listen to the recording, and then complete the following exercises.

(1) Write down the syllables (including the tone) you hear, and then read them out.

(2) Answer the following questions: Does the boy have any good friends? Do the boy and his friends all study Chinese? Who doesn't study Chinese?

2. Read the combinations of initials and finals in four tones.

	e	ei	en	eng	u	ua	uei	uai	uo	uan	uen	uang
zh	zhe	zhei	zhen	zheng	zhu	zhua	zhui	zhuai	zhuo	zhuan	zhun	zhuang
z	ze	zei	zen	zeng	zu		zui		zuo	zuan	zun	
ch	che		chen	cheng	chu	chua	chui	chuai	chuo	chuan	chun	chuang
c	ce		cen	ceng	cu		cui		cuo	cuan	cun	
sh	she	shei	shen	sheng	shu	shua	shui	shuai	shuo	shuan	shun	shuang
s	se		sen	seng	su		sui		suo	suan	sun	
r	re		ren	reng	ru	rua	rui		ruo	ruan	run	

3. Listen to the recording, and then choose the syllables you hear.

cè	zhēn	zuǐ	zhuō
sè	shēn	shuǐ	chuō
rè	chén	ruǐ	shuō

zǔ	shū	zūn	cuàn
cū	shuā	chūn	zuàn
rǔ	shuāi	shùn	suàn

45

Learn to write

1. Structure of Chinese characters

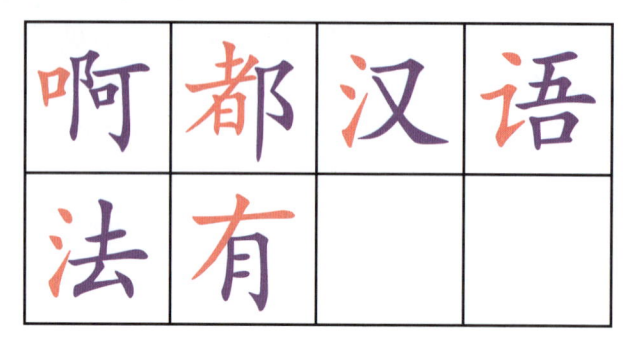

啊	都	汉	语
法	有		

2. Stroke order of Chinese characters

   (1) Middle precedes the two sides.

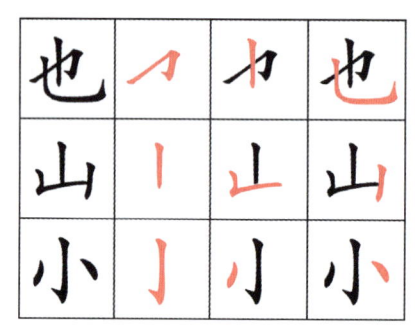

也	㇆	㇆	也
山	丨	山	山
小	亅	小	小

   (2) Inside precedes the sealing stroke.

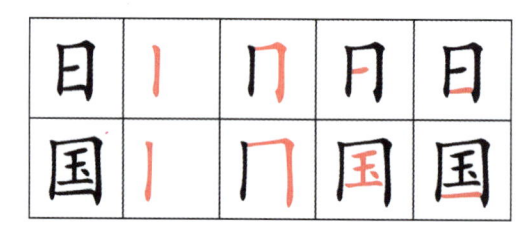

日	丨	冂	日	日
国	丨	冂	国	国

46

9 你有几张中文光盘
nǐ yǒu jǐ zhāng zhōng wén guāng pán

家明：大卫，你有几张中文光盘？
jiā míng dà wèi nǐ yǒu jǐ zhāng zhōng wén guāng pán

大卫：我有 3 张中文光盘。
dà wèi wǒ yǒu sān zhāng zhōng wén guāng pán

家明：杰克，你有几张？
jiā míng jié kè nǐ yǒu jǐ zhāng

杰克：我没有中文光盘。
jié kè wǒ méi yǒu zhōng wén guāng pán

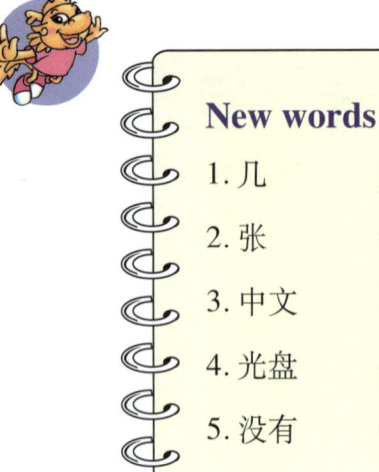

New words

1. 几　　jǐ　　　　(pron.)　how many
2. 张　　zhāng　　 (m.)　　a measure word ①
3. 中文　Zhōngwén　(n.)　　Chinese
4. 光盘　guāngpán　(n.)　　disk; CD
5. 没有　méiyǒu　　(v.)　　not to have; don't have

Classroom Chinese

- Qǐng jǔ shǒu!　Please raise your hand.
- Shǒu fàngxià!　Please put down your hand.

Can you count to ten on one hand?

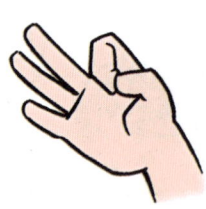

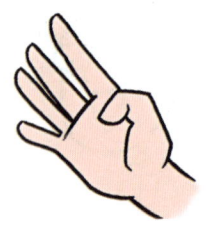

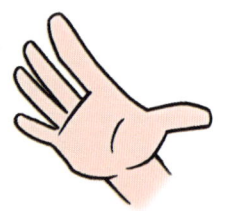

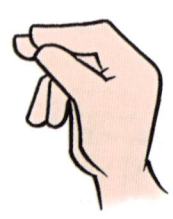

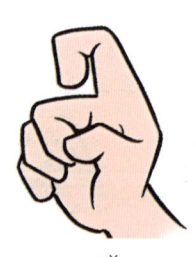

1 yī　　2 èr　　3 sān　　4 sì　　5 wǔ

6 liù　　7 qī　　8 bā　　9 jiǔ　　10 shí

---
① Used for disks, paper, tickets, etc.

On your own

1. Ask and answer questions based on the following pictures.

Example

Yǒu jǐ zhāng zhǐ?

Yǒu liǎng zhāng zhǐ.

huàr

guāngpán

zhàopiàn

2. Who has more? Give the results of the comparison.

A:
Wǒ yǒu wǔ zhāng guāngpán.
Wǒ yǒu sān ge shūbāo.
Wǒ yǒu sì ge wénjùhé.
Wǒ yǒu liù ge hǎo péngyou.

B:
Wǒ yǒu shí zhāng guāngpán.
Wǒ yǒu liǎng ge shūbāo.
Wǒ yǒu bā ge wénjùhé.
Wǒ yǒu yí ge hǎo péngyou.

Class activity

1. Telephone book: Make a list of names and phone numbers of your classmates.

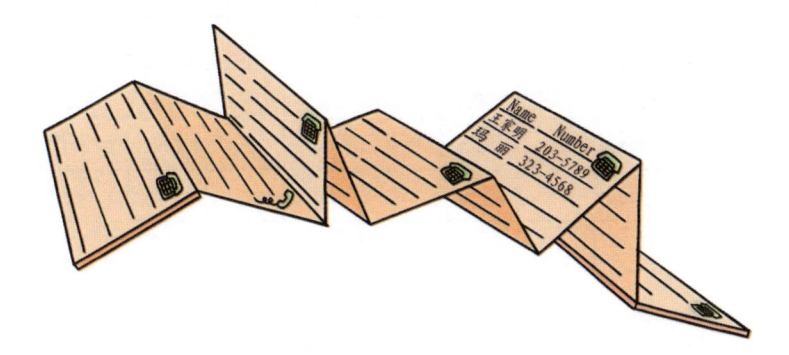

2. Flying chess of Chinese (see the appendix I).

49

Phonetics

1. **Listen to the recording, and then complete the following exercises.**

    (1) Write down the syllables (including the tones) you hear, and then read them out.

    (2) Answer the following questions: How many students does Mrs. Lin have? How many Chinese disks does the boy have?

2. **Read the phrases below and pay attention to the tone sandhi.**

    yì bēi (a glass of ...)

    yì píng (a bottle of ...)

    yì wǎn (a bowl of ...)

    yí zuò (a measure word for mountains etc.)

3. **The comparison of combinations between** zh, ch, sh, r **and** j, q, x. **Read the combinations in four tones.**

Finals / Initials	-i [ʅ]	a	o	e	er	ai	ei	ao	ou	an	en	ang	eng	ong
j														
q														
x														
zh	zhi	zha		zhe		zhai	zhei	zhao	zhou	zhan	zhen	zhang	zheng	zhong
ch	chi	cha		che		chai		chao	chou	chan	chen	chang	cheng	chong
sh	shi	sha		she		shai	shei	shao	shou	shan	shen	shang	sheng	
r	ri			re				rao	rou	ran	ren	rang	reng	rong

Finals / Initials	i	ia	ie	iao	iou	ian	in	iang	ing	iong	u	ua	uo	uai
j	ji	jia	jie	jiao	jiu	jian	jin	jiang	jing	jiong				
q	qi	qia	qie	qiao	qiu	qian	qin	qiang	qing	qiong				
x	xi	xia	xie	xiao	xiu	xian	xin	xiang	xing	xiong				
zh											zhu	zhua	zhuo	zhuai
ch											chu	chua	chuo	chuai
sh											shu	shua	shuo	shuai
r											ru	rua	ruo	

4. Convert the following children's song into a rap.

一 只 青 蛙 一 张 嘴，
yì zhī qīng wā yì zhāng zuǐ

两 只 眼 睛 四 条 腿。
liǎng zhī yǎn jing sì tiáo tuǐ

两 只 青 蛙 两 张 嘴，
liǎng zhī qīng wā liǎng zhāng zuǐ

四 只 眼 睛 八 条 腿。
sì zhī yǎn jing bā tiáo tuǐ

> One frog, one mouth, two eyes, four legs.
> Two frogs, two mouths, four eyes, eight legs.

Learn to write

1. Structure of Chinese characters

几	文	光
张	没	
盘		

51

2. Components of Chinese characters

Some Chinese characters must be treated as a whole, that is to say, they cannot be torn apart any further, such as "王" "我" and "中"; while others are made up of several components, that is to say, they can be further divided, such as "你" "明" "家" and "张"。

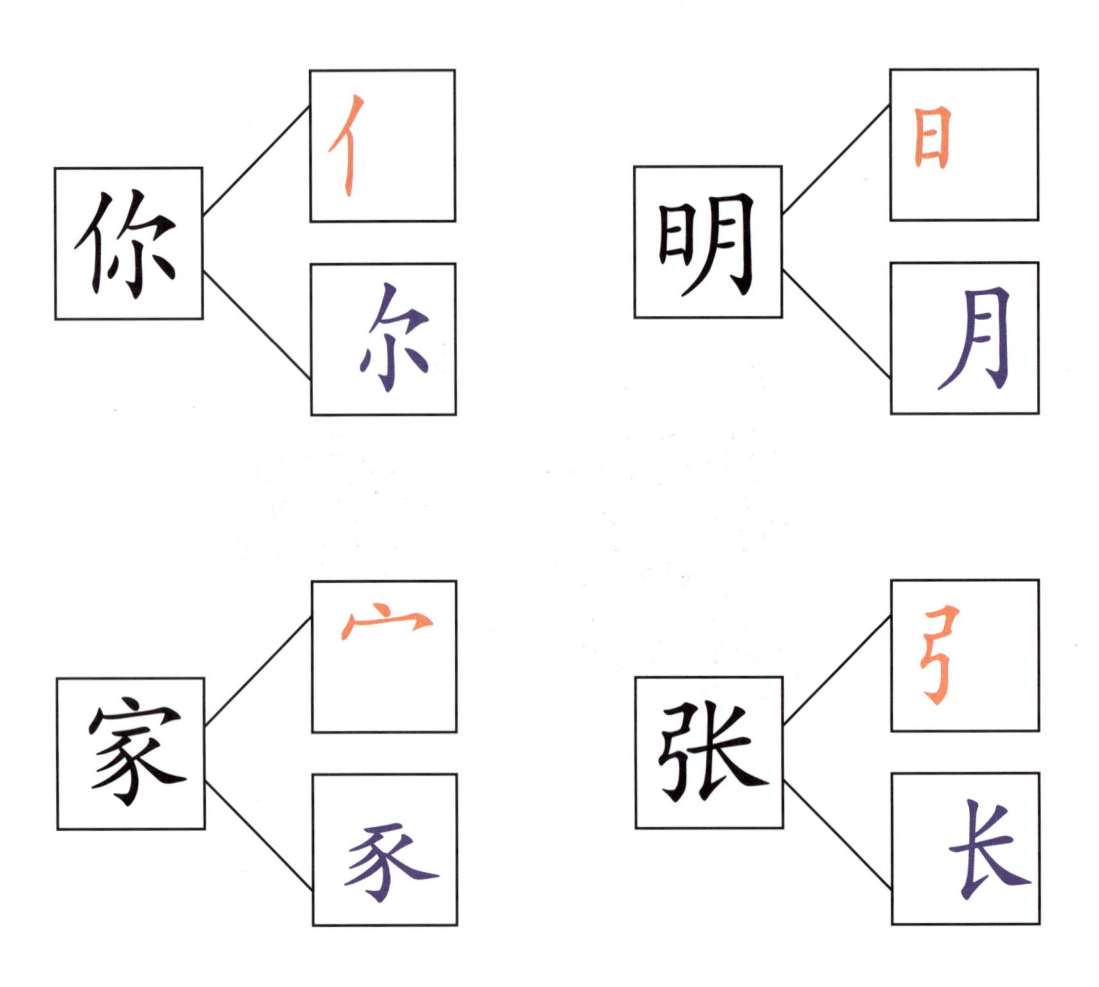

"你"→"亻"+"尔"; "明"→"日"+"月"; "家"→"宀"+"豕"; "张"→"弓"+"长"。

你 → 亻 + 尔

明 → 日 + 月

家 → 宀 + 豕

张 → 弓 + 长

The smallest structure after the division is called components. There are many components, but now we will only introduce you a few of them.

3. Examples of components

部件 bù jiàn	甲骨文 jiǎ gǔ wén	金文 jīn wén	小篆 xiǎo zhuàn	楷书 kǎi shū	组字 zǔ zì
弓	弓	弓	弓	弓	张
氵				水	没
口				口	叫
皿				皿	盘
亻				人	他

53

10 这是谁的钱包
zhè shì shuí de qián bāo

In the cafeteria, Wang Jiaming has just found a wallet on the floor.

店员：那是什么？
diàn yuán nà shì shén me

家明：是钱包！这是谁的钱包？
jiā míng shì qián bāo zhè shì shuí de qián bāo

女孩儿：是我的！
nǚ hái r shì wǒ de

家明：钱包里有多少钱？
jiā míng qián bāo li yǒu duō shao qián

女孩儿：38元钱。对吗？
nǚ hái r sān shí bā yuán qián duì ma

家明：对，给你！
jiā míng duì gěi nǐ

女孩儿：谢谢你！
nǚ hái r xiè xie nǐ

家明：不客气！
jiā míng bú kè qi

New words

1. 那 nà (pron.) that
2. 钱包 qiánbāo (n.) wallet; purse
3. 这 zhè (pron.) this
4. 里 lǐ (n.) in; inside
5. 多少 duōshao (pron.) how much; how many
6. 钱 qián (n.) money
7. 元 yuán (m.) a measure word ①
8. 对 duì (adj.) yes; that's right ②
9. 给 gěi (v.) give

Classroom Chinese
- Hěn hǎo! Very good.
- Fēicháng hǎo! Very good. / Great.

Games of numbers

Do you know that you've already learned enough Chinese to count to 99?

1	2	3	4	5	6	7	8	9	10
11	12	13	14	15	16	17	18	19	20
21	22	23	24	25	26				30
31	32	33	34	35					40
41	42	43	44						50
51	52	53							60
61	62								70
71									80
81									90
91									100

a. Counting competition

Two people in a group take turns to count in Chinese. For instance, student A says "one", B "two", A "three", B "four" and so on and so forth until the number reaches one hundred. The faster one speaks, the better the game goes. After several practices, the entire class can have a timing competition in groups. The one that makes the fewest mistakes in the shortest time wins the game.

b. Neighboring numbers

The teacher will present a number, and the students will give the two neighboring numbers for that number. For example, if the teacher says "7", the students are supposed to say "6" and "8". The students can race to be the first to produce the right answers.

---
① Chinese monetary unit, similar to dollars.
② Here used for confirmation.

On your own

1. Complete the following sentences.

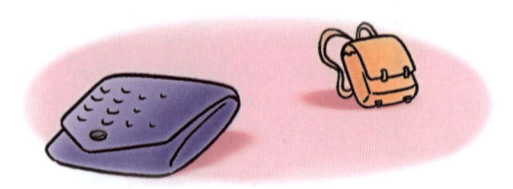

   A: Zhè shì shénme?
   B: Zhè shì _____.
   A: Nà shì shénme?
   B: Nà shì _____.

   A: Zhè shì shénme?
   B: ____ shì yì zhāng guāngpán.
   A: Nà shì shénme?
   B: ____ shì yì bǎi yuán qián.

2. Do the following calculations and read them out loud in Chinese.

   20 + 35 = _____   31 + 19 = _____
   42 + 36 = _____   45 + 55 = _____

Conversation practice: Substitute the alternate words to make a new dialogue.

Example

A: Zhè shì shuí de qiánbāo?
B: Zhè shì wǒ de qiánbāo.
C: Bù, zhè bú shì nǐ de, zhè shì wǒ de.

1.	guāngpán	tā
2.	shūbāo	Mǎlì
3.	qiānbǐ	Jiékè

56

Class activity: Whose is it?

Have student split into groups of 5 – 6. One student should take a couple of the other students' pens, pencils, binders, etc, while they all keep their eyes closed. That student will then hold the items up one by one and have the other students guess whose it is.

A：Zhè shì shuí de wénjùhé?

B：Zhè shì wǒ de.

C：Bú duì. Zhè bú shì nǐ de,
　　zhè shì ... de.

D：Duì! Zhè shì wǒ de.

(The real owner should let the other students guess untill they figure out whose it is.)

xiàngpí

bǐjìběn

shū

wénjùhé

qiānbǐ

wénjiànjiā

Phonetics

1. Listen to the recording, and then complete the following exercises.
   (1) Write down the syllables (including the tones) you hear, and then read them out.
   (2) Answer the following questions: Is the wallet the girl's? How much money is there in the wallet? Is the sum of money the girl says right?

2. Listen to the recording, and then repeat what you hear. Pay attention to the tone sandhi.

3. Read aloud the following tongue twister.

十 四 是 十 四，
shí sì shì shí sì

四 十 是 四 十。
sì shí shì sì shí

别 说 四 十 是 十 四，
bié shuō sì shí shì shí sì

别 说 十 四 是 四 十。
bié shuō shí sì shì sì shí

Fourteen is fourteen, forty is forty.
Don't say forty as fourteen.
Don't say fourteen as forty.

Learn to write

1. Structure of Chinese characters

里	少	那	钱	对
给	多	元	包	这

2. Examples of components

部件 bù jiàn	甲骨文 jiǎ gǔ wén	金文 jīn wén	小 篆 xiǎo zhuàn	楷书 kǎi shū	组字 zǔ zì
钅		金	金	金	钱
女	𫝀	巾	㔹	女	她
子	㫃	子	子	子	好
门	門	門	門	门(門)	们

58

11 祝你生日快乐
zhù nǐ shēng ri kuài le

12 o'clock at noon, the students are preparing for the celebration of Wang Jiaming's birthday in the classroom. They want to give him a surprise. However, when Wang Jiaming enters the classroom, there is only Mrs. Lin there.

王家明：林老师，您好！
wáng jiā míng　lín lǎo shi　nín hǎo

林老师：你找谁？
lín lǎo shi　nǐ zhǎo shuí

王家明：我找大卫和玛丽。
wáng jiā míng　wǒ zhǎo dà wèi hé mǎ li

林老师：他们不在这里。
lín lǎo shi　tā men bú zài zhè li

王家明：他们在哪里？
wáng jiā míng　tā men zài nǎ li

David, Jack and Mary enter the classroom with a birthday cake.

大卫、杰克、玛丽：
dà wèi　jié kè　mǎ li

我们在这里！
wǒ men zài zhè li

祝你生日快乐！
zhù nǐ shēng ri kuài le

59

New words

1. 您　　nín　　　(pron.)　polite form of "you" (singular)
2. 找　　zhǎo　　(v.)　　find; look for
3. 和　　hé　　　(conj.)　and
4. 在　　zài　　　(v.)　　be
5. 这里　zhèli　　(pron.)　here
6. 哪里　nǎli　　(pron.)　where
7. 祝　　zhù　　　(v.)　　offer good wishes; wish
8. 生日　shēngri　(n.)　　birthday
9. 快乐　kuàile　 (adj.)　happy; joyous

Read, then practice with a partner.

A: Jiékè hé Mǎlì zài nǎli?
B: Tāmen zài nàli.

A: Wǒ de wénjùhé zài nǎli?
B: Nǐ de wénjùhé zài zhèli.

A: Wǒ de qiānbǐ zài nǎli?
B: Nǐ de qiānbǐ bú zài zhèli.

A: Wǒ de qiánbāo zài nǎli?
B: Nǐ de qiánbāo bú zài zhèli.

60

Conversation practice: Substitute the alternate words to make a new dialogue.

1.

A: Nǐ zhǎo shuí?
B: Wǒ zhǎo Wáng Jiāmíng hé Mǎlì.
A: Tāmen bú zài zhèli.
B: Tāmen zài nǎli?
A: Wǒ yě bù zhīdào.①

1.	Emma	Linda
2.	Jim	Sam
3.	Wáng xiàozhǎng	Lín lǎoshī

2.

A: Nǐ zhǎo shénme?
B: Wǒ zhǎo qiánbāo.
A: Nǐ de qiánbāo zài zhèli.
B: Xièxie nǐ!
A: Bú kèqi!

1. wénjùhé
2. qiānbǐ
3. Zhōngwén guāngpán

Class activity

Now let's make a birthday card in Chinese for the student whose birthday is coming soon.

---
① I don't know, either.

Can you sing it?

祝 你 生 日 快 乐
zhù nǐ shēng ri kuài lè

祝你生日快乐, 祝你生日快乐。

祝你生日快乐, 祝你生日快乐。

Phonetics

1. Listen to the recording, and then complete the following exercises.

    (1) Retell the story you hear.

    (2) Answer the following questions: Whom does the boy want to find? Does the boy find the person he's looking for?

2. Listen to the recording, and then repeat what you hear. Pay attention to the tone sandhi.

3. The following is a famous Chinese ancient poem. Can you follow the *pinyin* to read it?

一 望 二 三 里,
yī wàng èr sān lǐ

烟 村 四 五 家。
yān cūn sì wǔ jiā

亭 台 六 七 座,
tíng tái liù qī zuò

八 九 十 枝 花。
bā jiǔ shí zhī huā

You can see two or three miles at one glance,
Four or five houses with smoking chimneys.
Six or seven pavilions,
And eight, nine or ten flowers possibly.

Learn to write

1. Structure of Chinese characters

在	乐	找	和
哪	祝	快	您

2. Examples of components

部件 bù jiàn	甲骨文 jiǎ gǔ wén	金文 jīn wén	小篆 xiǎo zhuàn	楷书 kǎi shū	组字 zǔ zì
禾				禾	和
心				心	您
忄				心	快
扌				手	找
礻				示	祝
讠				言	谁

63

12 今天我很高兴
jīn tiān wǒ hěn gāo xìng

Review

Diary

今天是我的生日。我跟朋友们在一起。我们吃蛋糕，听音乐。大家都很高兴，我也很高兴。

Jīntiān shì wǒ de shēngrì. Wǒ gēn péngyoumen zài yìqǐ. Wǒmen chī dàngāo, tīng yīnyuè. Dàjiā dōu hěn gāoxìng, wǒ yě hěn gāoxìng.

New words

1. 今天	jīntiān	(n.)	today
2. 跟	gēn	(prep.)	with
3. 一起	yìqǐ	(n.)	together
4. 吃	chī	(v.)	eat
5. 蛋糕	dàngāo	(n.)	cake
6. 听	tīng	(v.)	listen (to)
7. 音乐	yīnyuè	(n.)	music
8. 大家	dàjiā	(pron.)	all; everybody
9. 很	hěn	(adv.)	very
10. 高兴	gāoxìng	(adj.)	happy; glad; cheerful

Classroom Chinese
- Qǐng dàshēng shuō!   Please say it out loud!

On your own: Match the following food with their *pinyin*.

dàngāo

mǐfàn (boiled rice)

bǐsàbǐng (pizza)

qiǎokèlì (chocolate)

Conversation practice: Substitute the alternate words to make a new dialogue.

1. A: Jīntiān shì shuí de shēngri?

B: Jīntiān shì Jiāmíng de shēngri. Wǒmen chī dàngāo, tīng yīnyuè. Jiāmíng hěn gāoxìng, dàjiā dōu hěn gāoxìng.

1. Jim
2. Lín lǎoshī
3. Wáng xiàozhǎng

2. A: Nǐ gēn shuí zài yìqǐ?

B: Wǒ gēn péngyoumen zài yìqǐ. Wǒmen dōu hěn gāoxìng.

1. bàba
2. lǎoshīmen
3. lǎoshī hé tóngxuémen

Can you sing it?

我 的 朋 友 在 哪 里
wǒ de péng you zài nǎ li

一 二 三 四 五 六 七, 我 的 朋 友 在 哪 里?

在 北 京, 在 上 海, 我 的 朋 友 在 这 里。

Yī èr sān sì wǔ liù qī,
Wǒ de péngyou zài nǎli?
Zài Běijīng, zài Shànghǎi,
Wǒ de péngyou zài zhèli.

One two three four five six seven.
Where are my friends?
In Beijing, in Shanghai,
My friends are here.

Phonetics

1. Listen to the recording, and then complete the following exercises.

   (1) Retell the story you hear.
   (2) Answer the following questions: Who is having a birthday today? Who is very happy today? Whom is Mary with today? What does Mary do with her friends today?

2. Listen to the recording, and then repeat what you hear. Pay attention to the tone sandhi.

3. Read aloud the following children's song.

一 闪 一 闪 亮 晶 晶,
yì shǎn yì shǎn liàng jīng jīng

满 天 都 是 小 星 星。
mǎn tiān dōu shì xiǎo xīng xing

挂 在 天 上 放 光 明,
guà zài tiān shang fàng guāng míng

好 像 许 多 小 眼 睛。
hǎo xiàng xǔ duō xiǎo yǎn jing

66

Learn to write

1. Structure of Chinese characters

天	日	一	乐	吃
糕	听	很	今	蛋
音	兴	高	起	

2. Examples of components

部件 bù jiàn	甲骨文 jiǎ gǔ wén	金文 jīn wén	小篆 xiǎo zhuàn	楷书 kǎi shū	组字 zǔ zì
走		走	走	走	起
米	米		米	米	糕
木	木	木	木	木	林
又	又	又	又	又	友
日	日	日	日	日	明

Unit Summary

FUNCTIONAL USAGE

1. Inquiring about someone's identity

他 是 谁?
tā shì shuí

2. Talking about friends

你 有 好 朋 友 吗?
nǐ yǒu hǎo péng you ma

谁 是 你 的 好 朋 友?
shuí shì nǐ de hǎo péng you

3. Inquiring about the quantity of certain things

你 有 几 张 中 文 光 盘?
nǐ yǒu jǐ zhāng zhōng wén guāng pán

钱 包 里 有 多 少 钱?
qián bāo li yǒu duō shao qián

4. Inquiring about the owner

这 是 谁 的 钱 包?
zhè shì shuí de qián bāo

5. Looking for someone

他 们 在 哪 里?
tā men zài nǎ li

6. Expressing one's mood and feelings

今 天 我 很 高 兴。
jīn tiān wǒ hěn gāo xìng

GRAMMAR FOCUS

Sentence pattern	Example
1. ……是谁 　　　shì shuí	他是谁? tā shì shuí
2. ……(没)有…… 　　　méi yǒu	我有好朋友。 wǒ yǒu hǎo péng you 我没有好朋友。 wǒ méi yǒu hǎo péng you
3. 几…… 　 jǐ	你有几张中文光盘? nǐ yǒu jǐ zhāng zhōng wén guāng pán 我有6张中文光盘。 wǒ yǒu liù zhāng zhōng wén guāng pán
4. 谁的…… 　 shuí de	这是谁的钱包? zhè shì shuí de qián bāo
5. ……有多少…… 　　　yǒu duō shao	钱包里有多少钱? qián bāo li yǒu duō shao qián
6. ……在…… 　　 zài	他们在这里。 tā men zài zhè li 他们不在这里。 tā men bú zài zhè li
7. ……和…… 　　 hé	大卫和玛丽在哪里? dà wèi hé mǎ lì zài nǎ li
8. 跟……在一起 　 gēn　 zài yì qǐ	我跟同学们在一起。 wǒ gēn tóng xué men zài yì qǐ
9. ……很高兴 　　 hěn gāo xìng	玛丽很高兴。 mǎ lì hěn gāo xìng
10. ……也…… 　　 yě	王家明也很高兴。 wáng jiā míng yě hěn gāo xìng
11. ……都…… 　　 dōu	我们都很高兴。 wǒ men dōu hěn gāo xìng

STROKE ORDER OF CHINESE CHARACTERS

stroke order of Chinese characters	examples
(1) Horizontal line first, vertical line second; the down stroke to the left before the one to the right.	十 王 大
(2) From top to bottom.	三 客 家
(3) From left to right.	你 打 球
(4) Middle precedes the two sides.	小 水
(5) From outside to inside.	日 月 同
(6) Inside precedes the sealing stroke.	日 国

Unit Three

My Family and I

Look and say

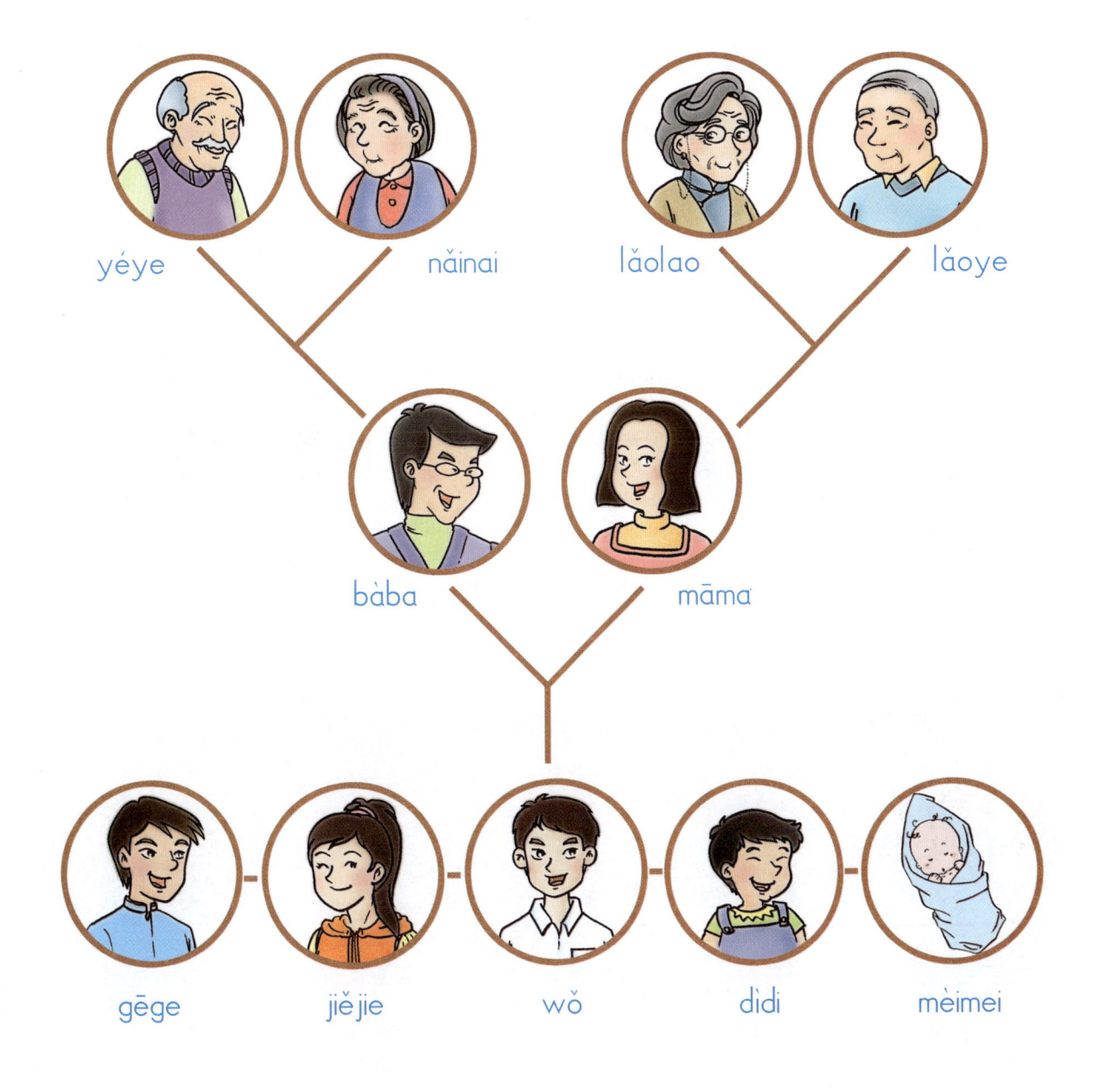

yéye nǎinai lǎolao lǎoye

bàba māma

gēge jiějie wǒ dìdi mèimei

Wǒ cóng Zhōngguó lái.

Wǒ zhù zài Bǎishù Jiē.

Wǒ bàba shì yīshēng.

yì zhī gǒu

liǎng zhāng guāngpán

sān kuài qián

sì kǒu rén

13 你多大
nǐ duō dà

David and Wang Jiaming are reading an advertisement for a driving training course.

家明：大卫，你多大？
jiā míng　dà wèi　nǐ duō dà

大卫：我 17 岁。
dà wèi　wǒ shí qī suì

家明：你学不学开车？
jiā míng　nǐ xué bu xué kāi chē

大卫：当然。你呢，你是不是 16 岁？
dà wèi　dāng rán　nǐ ne　nǐ shì bu shì shí liù suì

家明：对，我 16 岁。
jiā míng　duì　wǒ shí liù suì

Speed Driving Training School is willing to provide driving training course for high school students. Anyone who is above 16 years old is welcome to sign up. You can enjoy a tuition 50% less than an adult's. We also provide shuttle service from your school to the training site.

Sign-up time: Nov. 8 – 10

Training time: 3 – 5pm every day

73

New words

1. 多大　duō dà　　　　how old
2. 岁　　suì　　(m.)　year (of age)
3. 开车　kāichē　(v.)　drive
4. 当然　dāngrán　(adv.)　certainly; of course

On your own: Ask and answer questions based on the following pictures.

A: 他 是 不 是 老师?
　　tā shì bu shì lǎo shī

B: 是, 他 是 老师。
　　shì　tā shì lǎo shī

他　中 学 生
tā　zhōng xué shēng

她们　好 朋 友
tā men　hǎo péng you

Conversation practice: Substitute the alternate words to make a new dialogue.

Example

A: Jim, 你 多 大?
　　　　 nǐ duō dà

B: 我 17 岁。
　 wǒ shí qī suì

A: 你 学 不 学 开 车?
　 nǐ xué bu xué kāi chē

B: 当 然。你 呢?
　 dāng rán　nǐ ne

A: 我 14 岁, 我 不 学 开 车。
　 wǒ shí sì suì　wǒ bù xué kāi chē

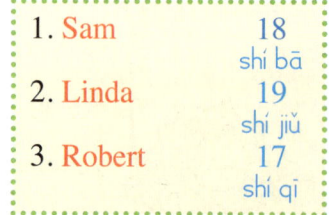

1. Sam　　18
　　　　　shí bā
2. Linda　19
　　　　　shí jiǔ
3. Robert　17
　　　　　shí qī

74

Class activity

1. Do you want to know more about your classmates? Take a survey and find out how old they are, then make a pie chart with the results.

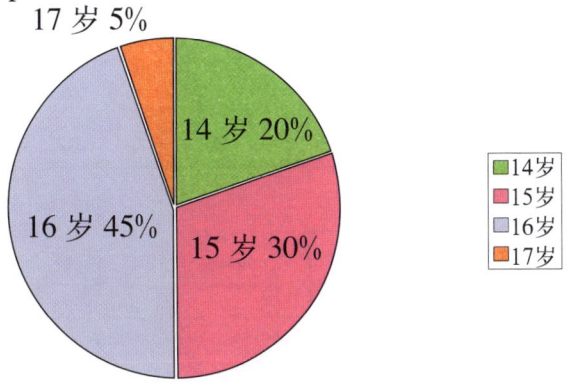

   17 岁 5%
   14 岁 20%
   15 岁 30%
   16 岁 45%

   ■ 14岁
   ■ 15岁
   ■ 16岁
   ■ 17岁

2. Discussion:

   Do you like driving? What do you think are the advantages and the disadvantages of driving a car? How old do you think the proper age is for driving?

Phonetics

1. Listen to the recording, and then complete the following exercises.

   (1) Retell what you hear.

   (2) Answer the following questions: How old is the boy who speaks first? How old is Jack? Is Jack going to learn driving? Is the boy who speaks first going to learn driving?

2. Read aloud the following children's song.

   两 只 老 虎, 两 只 老 虎,
   liǎng zhī lǎo hǔ liǎng zhī lǎo hǔ

   跑 得 快! 跑 得 快!
   pǎo de kuài pǎo de kuài

   一 只 没 有 耳 朵,
   yì zhī méi yǒu ěr duo

   一 只 没 有 尾 巴,
   yì zhī méi yǒu wěi ba

   真 奇 怪! 真 奇 怪!
   zhēn qí guài zhēn qí guài

   Two tigers are running fast. One has no ears, the other has no tail. How strange!

Learn to write

1. Structure of Chinese characters

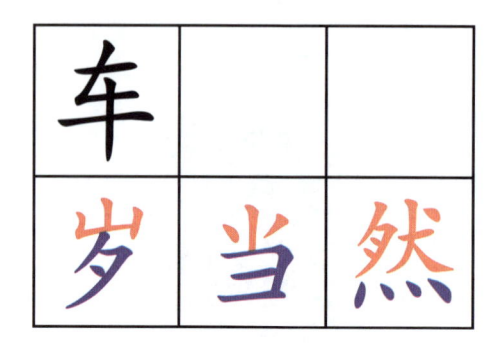

车		
岁	当	然

2. Examples of components

部件 bù jiàn	甲骨文 jiǎ gǔ wén	金文 jīn wén	小篆 xiǎo zhuàn	楷书 kǎi shū	组字 zǔ zì
灬	🔥		火	火	然
寸				寸	对 谢
月	)	D	月	月	朋
交	𠆢	𠆢	𠆢	交	校

14 这是我的狗
zhè shì wǒ de gǒu

Mary runs into Wang Jiaming when she is walking her dog.

家明：这是你的狗吗？
jiā míng zhè shì nǐ de gǒu ma

玛丽：对，是我的狗。
mǎ lì duì shì wǒ de gǒu

家明：它叫什么名字？
jiā míng tā jiào shén me míng zi

玛丽：它叫大黄。
mǎ lì tā jiào dà huáng

家明：它很漂亮。它几岁？
jiā míng tā hěn piào liang tā jǐ suì

玛丽：它两岁。
mǎ lì tā liǎng suì

77

New words

1. 狗　gǒu　(n.)　dog
2. 它　tā　(pron.)　it
3. 漂亮　piàoliang　(adj.)　pretty
4. 两　liǎng　(num.)　two

Proper noun

- 大黄　Dàhuáng　Big Yellow
(usually a name for a dog or a cat)

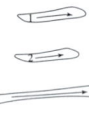

Learn to write numbers in Chinese.

| yī | èr | sān | sì | wǔ |
| 一 | 二 | 三 | 四 | 五 |

| liù | qī | bā | jiǔ | shí |
| 六 | 七 | 八 | 九 | 十 |

On your own: Ask and answer questions based on the following pictures.

A: 它 几 岁？
　　tā jǐ suì

B: 它 一 岁。
　　tā yí suì

八 岁
bā suì

四 岁
sì suì

A: 它 漂亮 不 漂亮？
　　tā piàoliang bu piàoliang

B: 它 很 漂亮。
　　tā hěn piàoliang

也 很 漂亮
yě hěn piàoliang

不 漂亮
bú piàoliang

Class activity

Interview your classmates:

1. Nǐ yǒu chǒngwù① ma?
2. Nǐ yǒu shénme chǒngwù?
3. Tā jiào shénme míngzi?
4. Tā jǐ suì?(Tā duō dà?)
5. Tā piàoliang bu piàoliang?

Pets Survey

编号 No.	姓名 Names	你有宠物吗? Do you have a pet?	什么宠物? What pet?	它叫什么名字? What's its name?	它几岁? How old is it?	它漂亮不漂亮? Is it pretty?
1.	玛丽	有	一只狗	大黄	两岁	很漂亮
2.	杰克	有	两只狗	黄黄、牛牛	一岁、三岁	都很漂亮
3.	王家明	没有				
4. ⋮						

Phonetics

1. Listen to the recording, and then answer the following questions.

   (1) Does the dog belong to the boy or to the girl?
   (2) How old is the dog?
   (3) Does the boy think the dog is pretty?

2. Read aloud the following children's song.

宽　宽　一　条　河，河　上　一　群　鹅。
kuān　kuān　yì　tiáo　hé，hé　shang　yì　qún　é。

牧　鹅　一　少　年，口　中　唱　山　歌。
mù　é　yí　shào　nián，kǒu　zhōng　chàng　shān　gē。

> On a wide river, geese are sporting. Among them is the herdboy. A folk song he is singing.

---

① Pet.

Learn to write

1. Structure of Chinese characters

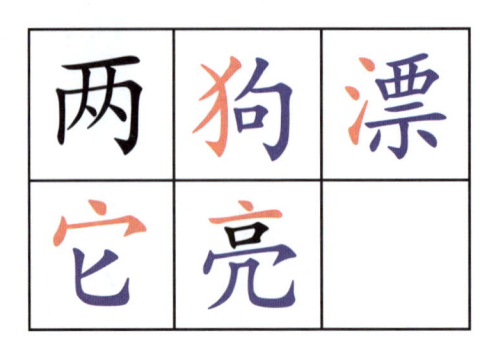

两	狗	漂
它	亮	

2. Examples of components

部件 bù jiàn	甲骨文 jiǎ gǔ wén	金文 jīn wén	小篆 xiǎo zhuàn	楷书 kǎi shū	组字 zǔ zì
犭				犬	狗
阝				阝(邑)	都
宀				宀	它
马				马(馬)	吗
竹				竹	篮
也				也	他 她

80

15 你从哪里来
nǐ cóng nǎ li lái

Mary is talking with her new neighbor in the yard.

玛丽：你好，你叫什么名字？
mǎ lì　nǐ hǎo　nǐ jiào shén me míng zi

邻居：我姓本田，我叫本田和美。你呢？
lín jū　wǒ xìng běn tián　wǒ jiào běn tián hé měi　nǐ ne

玛丽：我叫玛丽。你从哪里来？
mǎ lì　wǒ jiào mǎ lì　nǐ cóng nǎ li lái

邻居：我从日本来。欢迎你来我家玩！
lín jū　wǒ cóng rì běn lái　huān yíng nǐ lái wǒ jiā wán

New words

1. 姓　xìng　　(v.)　　be surnamed
2. 呢　ne　　　(part.)　a particle word①
3. 从　cóng　　(prep.)　from
4. 来　lái　　　(v.)　　come
5. 欢迎　huānyíng　(v.)　welcome
6. 家　jiā　　　(n.)　　home
7. 玩　wán　　(v.)　　play

Proper noun
- 日本　Rìběn　Japan

Read, then practice with a partner.

Huānyíng!

Huānyíng nǐ lái wǒ jiā!

Huānyíng nǐ lái wǒ jiā wán!

Huānyíng nǐ lái wǒmen xuéxiào!

① Used at the end of an interrogative sentence here referring to the same content mentioned above.

Conversation practice: Substitute the alternate words to make a new dialogue.

Example

A: 你 姓 什 么?
　　nǐ xìng shén me

B: 我 姓 本 田。
　　wǒ xìng běn tián

A: 你 从 哪 里 来?
　　nǐ cóng nǎ li lái

B: 我 从 日 本 来。
　　wǒ cóng rì běn lái

1. 王	中 国
wáng	zhōng guó
2. Miller	加 拿 大
	jiā ná dà
3. Black	英 国
	yīng guó
4. Devinat	法 国
	fǎ guó

Class activity: Tracing your family's roots.

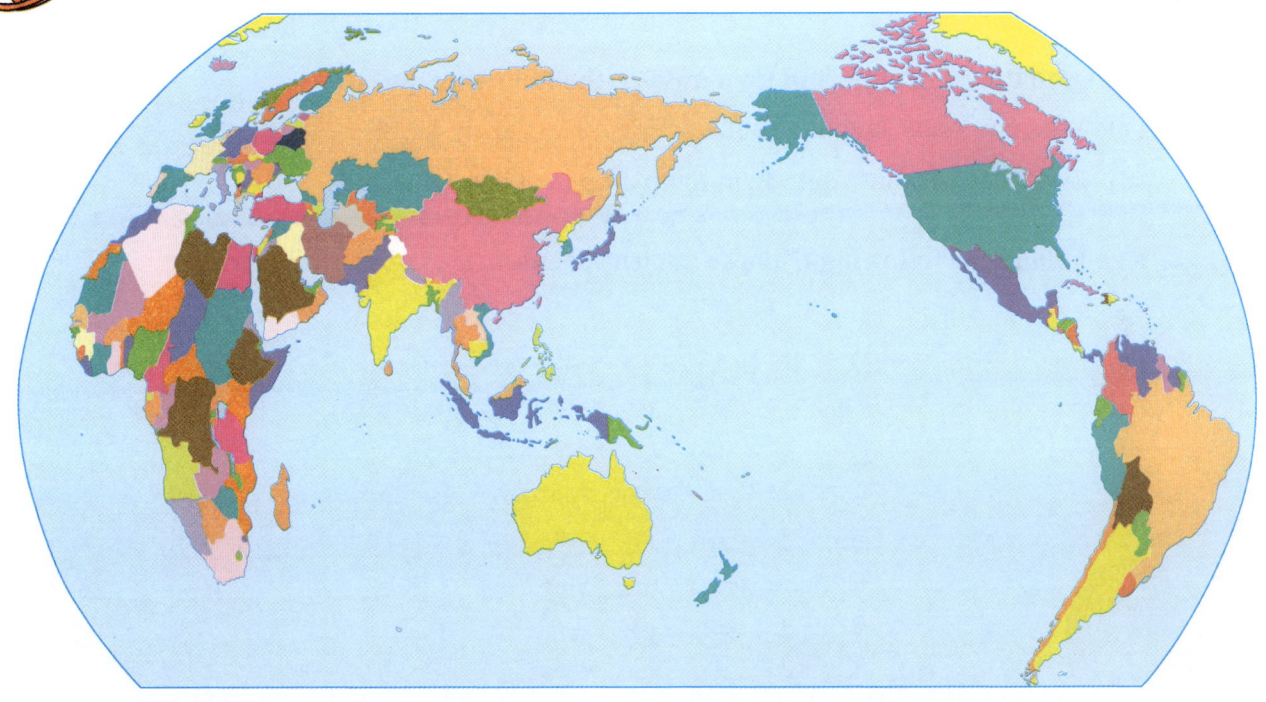

1. Ask your classmates:

Nǐ cóng nǎli lái?

Nǐ de bàba、māma cóng nǎli lái?

Tāmen jiào shénme míngzi?

Nǐ de yéye、nǎinai、lǎoye、lǎolao cóng nǎli lái?

爸爸	bàba	father
妈妈	māma	mother
爷爷	yéye	(paternal) grandfather
奶奶	nǎinai	(paternal) grandmother
姥爷	lǎoye	(maternal) grandfather
姥姥	lǎolao	(maternal) grandmother

2. Try to identify which is the family name and which is the given name for each of the names listed below. Can you tell the difference between the western and Chinese names?

Western names
David Alan Miller
Susan Black
William Taylor
Bobby Lee Davis
Charlotte Baubion

Chinese names
Qián Jié (钱杰)
Lǐ Jiāměi (李家美)
Lín Měiyuè (林美月)
Wáng Jiāmíng (王家明)
Wáng Yuèyue (王月月)

Phonetics

1. Listen to the recording, and then answer the following questions.

(1) Where is Wang Jiaming from?

(2) Does the girl want Wang Jiaming to drop in at her home?

2. Read aloud the following Chinese ancient poem.

床　前　明　月　光，
chuáng qián míng yuè guāng

疑　是　地　上　霜。
yí　shì　dì　shàng shuāng

举　头　望　明　月，
jǔ　tóu　wàng míng yuè

低　头　思　故　乡。
dī　tóu　sī　gù　xiāng

I wake and moonbeams play around my bed.
Glittering like hoarfroast to my wondering eyes.
Upwards the glorious moon I raise my head.
Then lay me down and thoughts of home arise.

Learn to write

1. Structure of Chinese characters

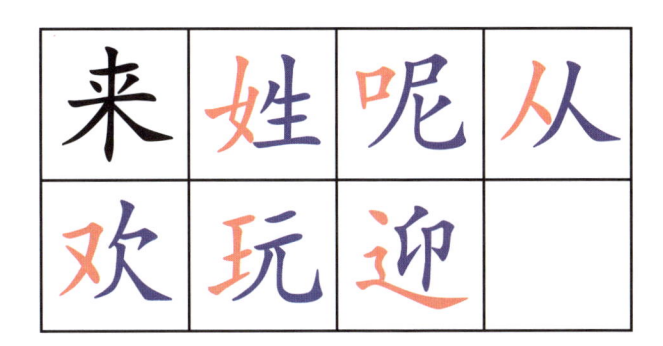

来	姓	呢	从
欢	玩	迎	

2. Examples of components

部件 bù jiàn	甲骨文 jiǎ gǔ wén	金文 jīn wén	小篆 xiǎo zhuàn	楷书 kǎi shū	组字 zǔ zì
生	↡	↡	↡	生	姓
人	⺈	⺈	⺈	人	从
欠	⺈	⺈	⺈	欠	欢
王	⺈	王	王	玉	玩
丩	⺈	⺈	⺈	丩	叫
𠂇	⺈	⺈	⺈	𠂇	友 有

85

16 我住在柏树街
wǒ zhù zài bǎi shù jiē

Wang Jiaming is ordering a pizza.

店 员：喂，比萨饼店。请问您要什么？
diàn yuán wèi bǐ sà bǐng diàn qǐng wèn nín yào shén me

家 明：我要一份比萨饼。
jiā míng wǒ yào yí fèn bǐ sà bǐng

店 员：您住在哪里？
diàn yuán nín zhù zài nǎ li

家 明：我住在柏树街 54 号。
jiā míng wǒ zhù zài bǎi shù jiē wǔ shí sì hào

店 员：好，马上到。
diàn yuán hǎo mǎ shàng dào

New words

1. 喂　　wèi　　　　（interj.）hello [1]
2. 比萨饼　bǐsàbǐng　（n.）pizza
3. （商）店　(shāng)diàn　（n.）(business) store; shop
4. 请问　qǐngwèn　（v.）May I ask...?
5. 要　　yào　　　（v.）want; would like (to)
6. 份　　fèn　　　（m.）a set of [2]
7. 住　　zhù　　　（v.）live; reside
8. 在　　zài　　　（prep.）indicating where a person or thing is
9. 号　　hào　　　（n.）number in a series [3]
10. 好　　hǎo　　　（adj.）OK; all right
11. 马上　mǎshàng　（adv.）right away
12. 到　　dào　　　（v.）arrive

Proper noun

- 柏树街　Bǎishù Jiē　Cypress Street

On your own: Ask and answer questions based on the following pictures.

1.

Example

Qǐngwèn nín yào shénme?

Wǒ yào yì bēi kāfēi.

---

[1] Used in receiving phone calls.
[2] A measure word for food here.
[3] Used mostly after numericals.

一 张 光 盘
yì zhāng guāng pán

一 块 手 表
yí kuài shǒu biǎo

2.
Example

Qǐngwèn nín zhù zài nǎli?

Wǒ zhù zài Bǎishù Jiē 54 hào.

百 老 汇 大 街 12 号
bǎi lǎo huì dà jiē shí èr hào

15 街 25 号
shí wǔ jiē èr shí wǔ hào

Conversation practice: Substitute the alternate words to make a new dialogue.

Example

A：请 问， 您 要 什 么？
　　qǐng wèn　nín yào shén me

B：我 要 4 份 比 萨 饼。
　　wǒ yào sì fèn bǐ sà bǐng

A：您 住 在 哪 里？
　　nín zhù zài nǎ li

B：我 住 在 15 街 89 号。
　　wǒ zhù zài shí wǔ jiē bā shí jiǔ hào

A：好， 马 上 到。
　　hǎo　mǎ shàng dào

1.	2 份	15 街	25 号
	liǎng fèn	shí wǔ jiē	èr shí wǔ hào
2.	3 份	6 街	56 号
	sān fèn	liù jiē	wǔ shí liù hào
3.	4 份	7 街	99 号
	sì fèn	qī jiē	jiǔ shí jiǔ hào
4.	1 份	柏树街	34 号
	yí fèn	bǎi shù jiē	sān shí sì hào

Class activity

Act it out: Working part-time at a pizza parlor.

Phonetics

1. Listen to the recording, and then answer the following questions.

(1) Where is the man talking?

(2) How many pieces of pizza does the woman want?

(3) Where does the woman live?

2. Read aloud the following children's song.

我 是 只 小 小 鸟，
wǒ shì zhī xiǎo xiǎo niǎo

飞 就 飞， 叫 就 叫，
fēi jiù fēi　jiào jiù jiào

自 在 逍 遥。
zì zài xiāo yáo

我 不 知 有 忧 愁，
wǒ bù zhī yǒu yōu chóu

我 不 知 有 烦 恼，
wǒ bù zhī yǒu fán nǎo

只 是 爱 欢 笑。
zhǐ shì ài huān xiào

I'm a little bird. Fly as I want, cry as I like, so free and unfettered. Not knowing worries, not knowing troubles, laugh and joy is what I want.

Learn to write

1. Structure of Chinese characters

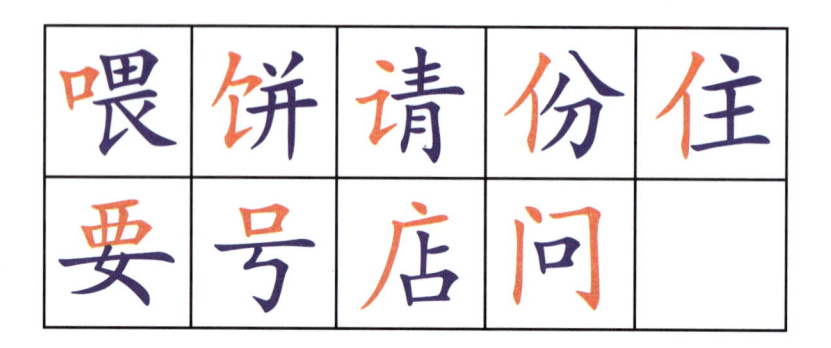

喂	饼	请	份	住
要	号	店	问	

2. Examples of components

部件 bù jiàn	甲骨文 jiǎ gǔ wén	金文 jīn wén	小篆 xiǎo zhuàn	楷书 kǎi shū	组字 zǔ zì
分	〳〵	分	分	分	份
主			主	主	住
丂	丂	丂	丂	丂	号
刂	刂	刀	刀	刀	到

17 你家有几口人
nǐ jiā yǒu jǐ kǒu rén

In Wang Jiaming's home, David is looking at a picture above the fireplace.

大卫：你家有几口人？
dà wèi nǐ jiā yǒu jǐ kǒu rén

家明：我家有三口人。爸爸、妈妈和我。你家呢？
jiā míng wǒ jiā yǒu sān kǒu rén bà ba mā ma hé wǒ nǐ jiā ne

大卫：我家有五口人。爸爸、妈妈、哥哥、姐姐，
dà wèi wǒ jiā yǒu wǔ kǒu rén bà ba mā ma gē ge jiě jie

还有我。
hái yǒu wǒ

家明：你有没有狗？
jiā míng nǐ yǒu méi yǒu gǒu

大卫：有，我有一只大狗，还有一只小猫。
dà wèi yǒu wǒ yǒu yì zhī dà gǒu hái yǒu yì zhī xiǎo māo

New words

1. 口　　kǒu　　(m.)　　a measure word①
2. 人　　rén　　(n.)　　person; people
3. 爸爸　bàba　 (n.)　　dad; father
4. 妈妈　māma　(n.)　　mom; mother
5. 哥哥　gēge　 (n.)　　elder brother
6. 姐姐　jiějie　(n.)　　elder sister
7. 还　　hái　　(adv.)　and; as well; also; too
8. 大　　dà　　(adj.)　big
9. 小　　xiǎo　 (adj.)　small; little
10. 猫　　māo　 (n.)　　cat

On your own

1. Ask and answer questions based on the following pictures.

A: Ann 家 有 几 口 人？
　　　 jiā yǒu jǐ kǒu rén

B: 她 家 有 四 口 人，
　 tā jiā yǒu sì kǒu rén

　 爸爸、妈妈、哥哥 和 她。
　 bà ba mā ma gē ge hé tā

Ann's family

A: _____家_____?
　　　 jiā

B: 他 家 有_____,
　 tā jiā yǒu

　 还 有_____。
　 hái yǒu

Mike's family

---
① A measure word for the number of family members.

2. Big or small?

A：这 只 狗 大 吗？
　　zhè zhī gǒu dà ma

B：这 只 狗 很 大。
　　zhè zhī gǒu hěn dà

A：这 只 猫 大 吗？
　　zhè zhī māo dà ma

B：这 只 猫 不 大，它 很 小。
　　zhè zhī māo bú dà　tā hěn xiǎo

A：这 只 狗 大 吗？
　　zhè zhī gǒu dà ma

B：这 只 狗 不 _____，它 很 _____。
　　zhè zhī gǒu bú　　　　 tā hěn

A：这 只 猫 大 吗？
　　zhè zhī māo dà ma

B：这 只 猫 很 _____。
　　zhè zhī māo hěn

Class activity

Interview your classmates to find out how many people there are in their families.

Phonetics

1. Listen to the recording, and then answer the following questions.

   (1) How many brothers does Tom have?
   (2) Does Tom have any sisters?
   (3) How many people are there in the girl's family?
   (4) How many cats and dogs does the girl have?

2. Read aloud the following riddle and make a guess.

   高 山 不 见 土，
   gāo shān bú jiàn tǔ

   平 地 不 见 田。
   píng dì bú jiàn tián

   似 海 没 有 水，
   sì hǎi méi yǒu shuǐ

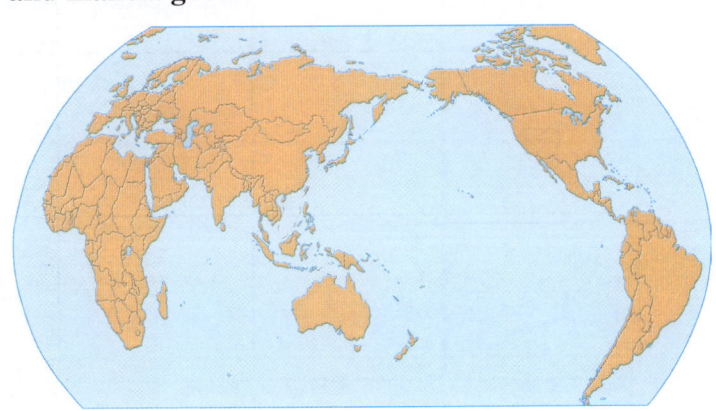

   世 界 在 眼 前。
   shì jiè zài yǎn qián

   No soil on the mountain, no fields on the plain.
   Like seas without water, but the world can be seen.

93

Learn to write

1. Structure of Chinese characters

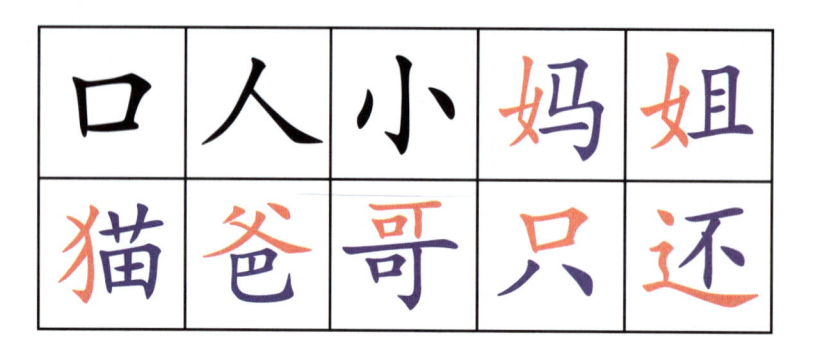

口	人	小	妈	姐
猫	爸	哥	只	还

2. Examples of components

部件 bù jiàn	甲骨文 jiǎ gǔ wén	金文 jīn wén	小篆 xiǎo zhuàn	楷书 kǎi shū	组字 zǔ zì
父				父	爸
巴				巴	爸
可		可	可	可	哥
苗			苗	苗	猫
辶				辵	这

18 我爸爸是医生
wǒ bà ba shì yī shēng

Mary is introducing her family.

我家有五口人……

我家有五口人，爸爸、妈妈、弟弟、妹妹和我。我们住在温哥华。我爸爸是医生。我还有爷爷和奶奶，他们不住在温哥华，他们住在芝加哥。我还有一只大狗，它叫大黄，它很喜欢我的邻居，可是我的邻居不喜欢它。

Wǒ jiā yǒu wǔ kǒu rén, bàba、māma、dìdi、mèimei hé wǒ. Wǒmen zhù zài Wēngēhuá. Wǒ bàba shì yīshēng. Wǒ hái yǒu yéye hé nǎinai, tāmen bú zhù zài Wēngēhuá, tāmen zhù zài Zhījiāgē. Wǒ hái yǒu yì zhī dà gǒu, tā jiào Dàhuáng, tā hěn xǐhuan wǒ de línjū, kěshì wǒ de línjū bù xǐhuan tā.

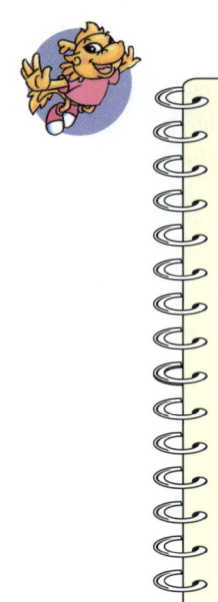

New words

1. 弟弟　dìdi　(n.)　younger brother
2. 妹妹　mèimei　(n.)　younger sister
3. 医生　yīshēng　(n.)　doctor
4. 爷爷　yéye　(n.)　(paternal) grandfather
5. 奶奶　nǎinai　(n.)　(paternal) grandmother
6. 喜欢　xǐhuan　(v.)　like
7. 邻居　línjū　(n.)　neighbor
8. 可是　kěshì　(conj.)　but; however

Proper nouns

- 温哥华　Wēngēhuá　Vancouver
- 芝加哥　Zhījiāgē　Chicago

On your own: Make sentences based on the following pictures and words.

1. What are their professions?

玛丽的爸爸是医生。
mǎ lì de bà ba shì yī shēng

大卫的爸爸　校长
dà wèi de bà ba　xiào zhǎng

Anny 的哥哥　中学生
　　　de gē ge　zhōng xué shēng

Sam 的哥哥　音乐老师
　　de gē ge　yīn yuè lǎo shī

96

2. What are their hobbies?

Emma 喜欢 听 音乐。
xǐ huan tīng yīn yuè

Linda 吃 蛋 糕
chī dàn gāo

Jim 踢 足 球
tī zú qiú

Sam 打 篮 球
dǎ lán qiú

Class activity: Tell your classmates about your family.

你 喜 欢 什 么?
nǐ xǐ huan shén me

你 爸 爸 做 什 么 工 作?
nǐ bà ba zuò shén me gōng zuò

你 妈 妈 做 什 么 工 作?
nǐ mā ma zuò shén me gōng zuò

工程师	gōngchéngshī	engineer
工人	gōngrén	factory worker
经理	jīnglǐ	manager
秘书	mìshū	secretary
推销员	tuīxiāoyuán	sales representative
记者	jìzhě	journalist
职员	zhíyuán	clerk

Phonetics

1. Listen to the recording, and then answer the following questions.

   (1) What is the boy's name?

   (2) How old is the boy?

   (3) How many people are there in the boy's family?

   (4) Where is the boy's home?

   (5) Does the boy have a cat?

   (6) What's the boy's dog's name?

   (7) Who does not like the dog?

2. Read aloud the following folk song.

世	上	只	有	妈	妈	好,
shì	shang	zhǐ	yǒu	mā	ma	hǎo

有	妈	的	孩	子	像	个	宝,
yǒu	mā	de	hái	zi	xiàng	ge	bǎo

投	进	妈	妈	的	怀	抱,
tóu	jìn	mā	ma	de	huái	bào

幸	福	有	多	少。
xìng	fú	yǒu	duō	shao

Only mum is the dearest in the world.
With a mum, the child is dearly loved.
Resting in her arms, he's so happy and blessed.

Can you sing it?

世 上 只 有 妈 妈 好
shì shang zhǐ yǒu mā ma hǎo

世 上 只 有 妈 妈 好, 有 妈 的 孩 子 像 个 宝,

投 进 妈 妈 的 怀 抱, 幸 福 有 多 少。

Learn to write

1. Structure of Chinese characters

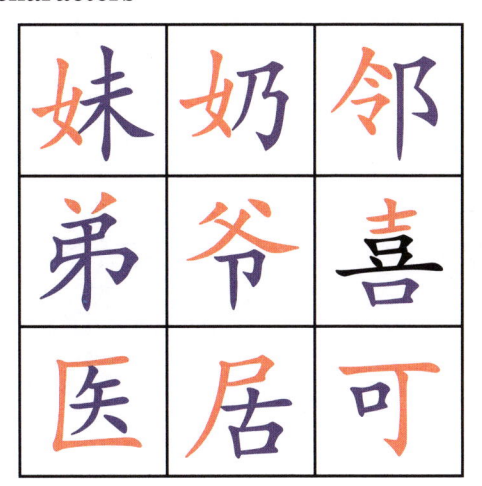

妹	奶	邻
弟	爷	喜
医	居	可

2. Examples of components

部件 bù jiàn	甲骨文 jiǎ gǔ wén	金文 jīn wén	小篆 xiǎo zhuàn	楷书 kǎi shū	组字 zǔ zì
令				令	邻
乃				乃	奶
卩				卩	爷
尸				尸	居
勹				勹	包

99

Unit Summary

Functional Usage

1. Inquiring about and offering age information

你 多 大?
nǐ duō dà

我 十 七 岁。
wǒ shí qī suì

2. Introducing oneself

我 姓 本 田,
wǒ xìng běn tián

我 叫 本 田 和 美。
wǒ jiào běn tián hé měi

3. Explaining where you come from

我 从 日 本 来。
wǒ cóng rì běn lái

4. Expressing welcome

欢 迎 你 来 我 家 玩!
huān yíng nǐ lái wǒ jiā wán

5. Ordering food on telephone

我 要 一 份 比 萨 饼。
wǒ yào yí fèn bǐ sà bǐng

6. Offering one's address

我 住 在 柏 树 街 54 号。
wǒ zhù zài bǎi shù jiē wǔ shí sì hào

7. Inquiring about the number of people in your family

你 家 有 几 口 人?
nǐ jiā yǒu jǐ kǒu rén

我 家 有 三 口 人。
wǒ jiā yǒu sān kǒu rén

8. Stating one's profession

我 爸 爸 是 医 生。
wǒ bà ba shì yī shēng

GRAMMAR FOCUS

Sentence pattern   **Example**

1. 你 学 不 学 开 车？
   nǐ xué bu xué kāi chē

2. 它 几 岁？
   tā jǐ suì
   它 两 岁。
   tā liǎng suì

3. 从……来   我从日本来。
   cóng　 lái   wǒ cóng rì běn lái

4. ……要……   我要一份比萨饼。
      yào   wǒ yào yí fèn bǐ sà bǐng

5. ……有……，还 有……   我有一只大狗，还有一
      yǒu　　 hái yǒu   wǒ yǒu yì zhī dà gǒu　hái yǒu yì
                                    只 小 猫。
                                    zhī xiǎo māo

Unit Four

Four Seasons of the Year

Look and say

Xiànzài jǐ diǎn?

Jīntiān jǐ yuè jǐ hào?

Jīntiān xīngqī jǐ?

Jīntiān tiānqì zěnmeyàng?

chūn

xià

qiū

dōng

Chūntiān zài nǎli?

103

19 现在几点
xiàn zài jǐ diǎn

Look and say: What time is it now?

7:00

8:05

12:15

12:30

New words

1. 现在	xiànzài	(n.)	now
2. 点（钟）	diǎn (zhōng)	(n.)	o'clock
3. 半	bàn	(num.)	half
4. 事	shì	(n.)	matter; affair; thing; business
5. 去	qù	(v.)	go
6. 起床	qǐchuáng	(v.)	get up
7. 吧	ba	(part.)	a particle word[1]

---

[1] Indicating a suggestion, a request or a mild command.

Today is Sunday. Wang Jiaming has an appointment with David, but he wakes up late.

家明：妈妈，现在几点？
jiā míng　mā ma　xiàn zài jǐ diǎn

妈妈：现在九点半。你今天有事吗？
mā ma　xiàn zài jiǔ diǎn bàn　nǐ jīn tiān yǒu shì ma

家明：我去大卫家。
jiā míng　wǒ qù dà wèi jiā

妈妈：你几点去？
mā ma　nǐ jǐ diǎn qù

家明：我十点去。
jiā míng　wǒ shí diǎn qù

妈妈：起床吧！
mā ma　qǐ chuáng ba

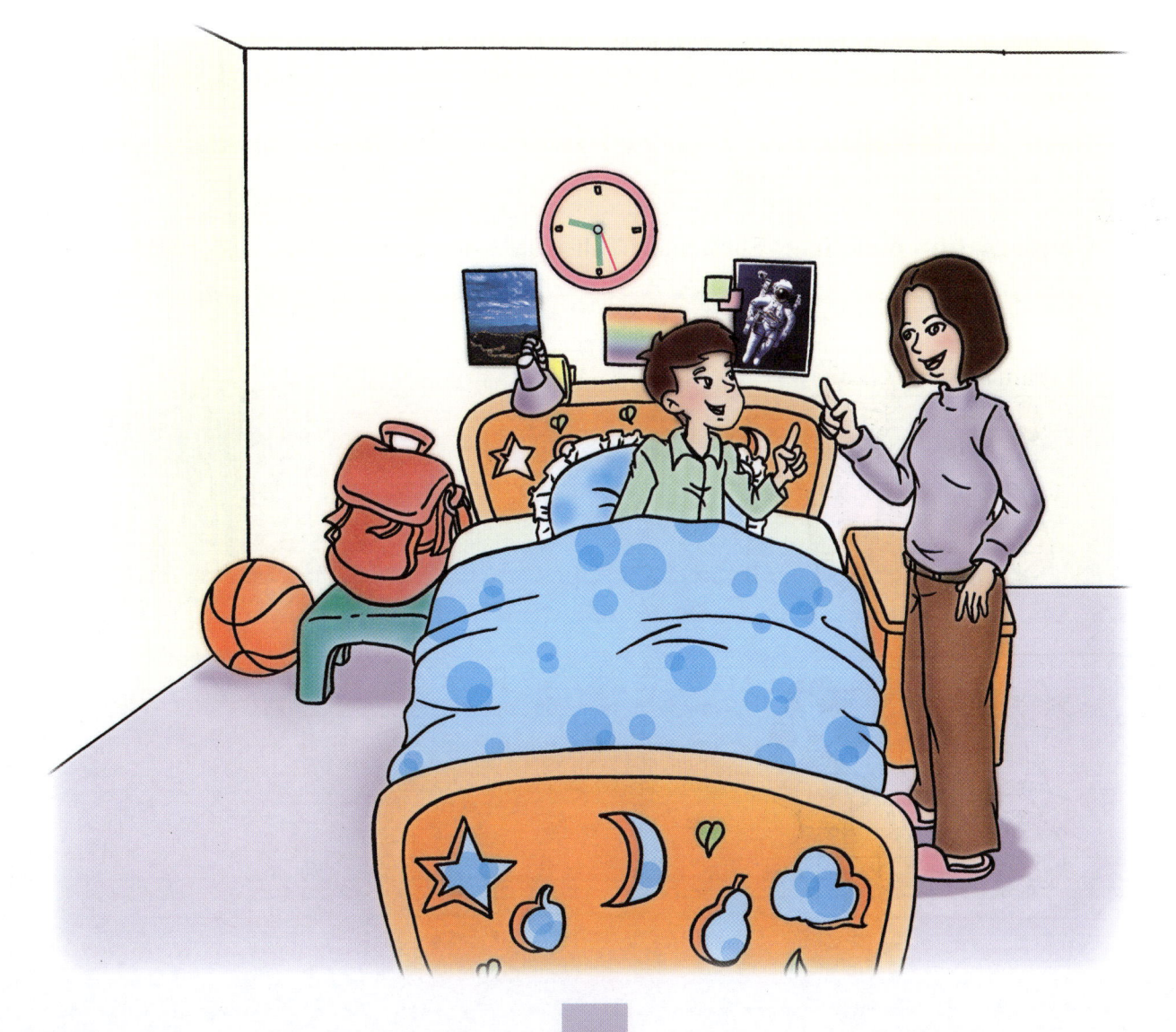

On your own: Ask and answer questions based on the following pictures.

Train station

A：现 在 几 点?
　　xiàn zài jǐ diǎn

B：现 在 十 点 半。
　　xiàn zài shí diǎn bàn

Airport

A：现 在 _____?
　　xiàn zài

B：现 在 _____。
　　xiàn zài

Post office

A：现 在 5 点 10 分，对 吗?
　　xiàn zài wǔ diǎn shí fēn   duì ma

B：对，_____。
　　duì

Theater

A：现 在 7 点 半，对 吗?
　　xiàn zài qī diǎn bàn   duì ma

B：不 对，_____。
　　bú duì

Conversation practice: Substitute the alternate words to make a new dialogue.

1.

Train station

A：请 问，现 在 几 点?
　　qǐng wèn xiàn zài jǐ diǎn

B：十 点 十 五 分。
　　shí diǎn shí wǔ fēn

A：谢 谢 您!
　　xiè xie nín

B：不 客 气!
　　bú kè qi

1. 七 点 二 十
　　qī diǎn èr shí

2. 八 点 半
　　bā diǎn bàn

3. 十 二 点
　　shí èr diǎn

2.

A：你 今 天 有 事 吗?
　　nǐ jīn tiān yǒu shì ma

B：我 今 天 没 有 事。
　　wǒ jīn tiān méi yǒu shì

　　你 有 事 吗?
　　nǐ yǒu shì ma

A：我 十 点 去 大 卫 家。
　　wǒ shí diǎn qù dà wèi jiā

1. 十 二 点 比 萨 饼 店
　　shí èr diǎn bǐ sà bǐng diàn

2. 三 点 半 打 网 球
　　sān diǎn bàn dǎ wǎng qiú

3. 七 点 半 听 音 乐
　　qī diǎn bàn tīng yīn yuè

Class activity: Make a clock.

With a partner, use a piece of cardboard and a pin to make a clock with movable hands. Afterwards, take turns changing the positions of the clock hands and stating the time.

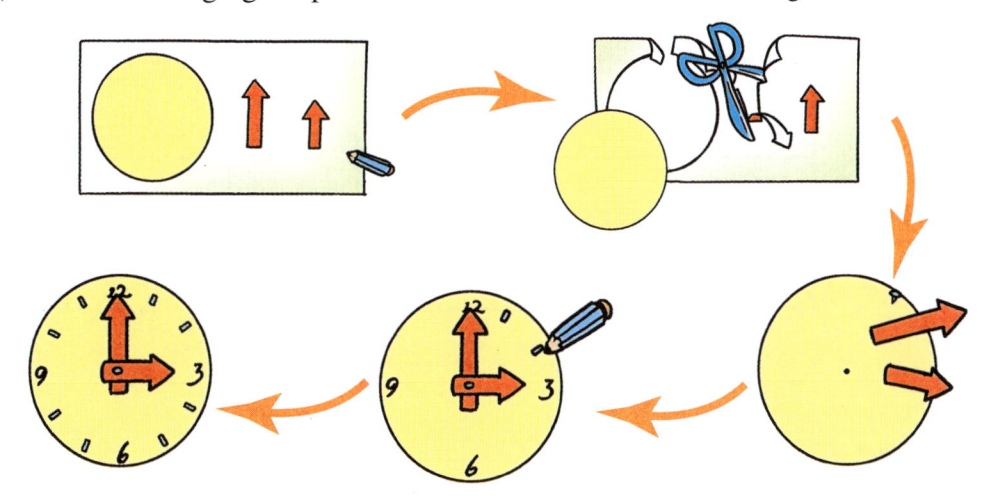

Phonetics

1. Listen to the recording, and then answer the following questions.

(1) What is the mother going to do today?

(2) What time is it when the mother and her daughter have the conversation?

(3) What is the girl going to do today?

2. Read aloud the following Chinese ancient poem.

春 眠 不 觉 晓，
chūn mián bù jué xiǎo

处 处 闻 啼 鸟。
chù chù wén tí niǎo

夜 来 风 雨 声，
yè lái fēng yǔ shēng

花 落 知 多 少。
huā luò zhī duō shao

It's after dawn when I awoke this morning in spring.

Then everywhere around me I heard birds all sing.

I now recall the sound of big storm late at night.

How many flowers would have been blown to ground in sight?

107

Learn to write

1. Structure of Chinese characters

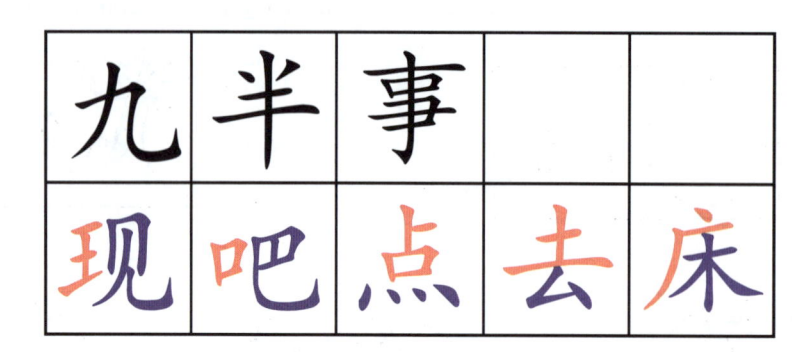

九	半	事		
现	吧	点	去	床

2. Examples of components

部件 bù jiàn	甲骨文 jiǎ gǔ wén	金文 jīn wén	小篆 xiǎo zhuàn	楷书 kǎi shū	组字 zǔ zì
广		厂	广	广	床
占	占		占	占	点
豕				豕	家

108

20 你 每 天 几 点 起 床
nǐ měi tiān jǐ diǎn qǐ chuáng

Look and say

早上**7:05**起床

上午**8:30**上学

中午**12:00**吃饭

下午**3:15**放学

晚上**10:20**睡觉

New words

1. 每天　　　měi tiān　　　　　　every day
2. 早上　　　zǎoshang　　(n.)　　morning
3. 刻（钟）　kè (zhōng)　(n.)　　a quarter of an hour
4. 晚上　　　wǎnshang　　(n.)　　night; evening
5. 时候　　　shíhou　　　(n.)　　time; moment
6. 睡觉　　　shuìjiào　　(v.)　　go to bed; sleep

109

Wang Jiaming is at David's. They are talking about their work-and-rest schedules.

家明：大卫，你每天早上几点起床？

大卫：我每天七点一刻起床。

家明：晚上呢，晚上你什么时候睡觉？

大卫：我十点半睡觉。你呢？

家明：我早上七点起床，晚上十一点睡觉。

Read aloud

早上	上午	中午	下午	晚上
zǎo shang	shàng wǔ	zhōng wǔ	xià wǔ	wǎn shang

On your own: Ask and answer questions based on the given words.

A: 你 几 点 起床?
　　nǐ jǐ diǎn qǐ chuáng

B: 我 六 点 起床。
　　wǒ liù diǎn qǐ chuáng

1. 上课① 九点　　3. 回家③ 四点
　　shàng kè jiǔ diǎn　　huí jiā sì diǎn
2. 下课② 三点　　4. 睡觉 十一点
　　xià kè sān diǎn　　shuì jiào shí yī diǎn

Class activity: Interview your classmates about their daily routine.

1. 你 每 天 早 上 几 点 上 课?
　　nǐ měi tiān zǎo shang jǐ diǎn shàng kè
2. 你 每 天 中 午 几 点 吃 饭?
　　nǐ měi tiān zhōng wǔ jǐ diǎn chī fàn
3. 你 每 天 下 午 几 点 下 课?
　　nǐ měi tiān xià wǔ jǐ diǎn xià kè
4. 你 每 天 晚 上 几 点 睡 觉?
　　nǐ měi tiān wǎn shang jǐ diǎn shuì jiào

① Go to class.
② Finish class.
③ Go home.

111

Phonetics

1. Listen to the recording, and then answer the following questions.

    (1) When does David play basketball every day?
    (2) When does David study Chinese every day?

2. Read aloud the following riddle and make a guess.

会 走 没 有 腿，
huì zǒu méi yǒu tuǐ

会 叫 没 有 嘴。
huì jiào méi yǒu zuǐ

它 会 告 诉 我 们，
tā huì gào su wǒ men

什 么 时 候 起，
shén me shí hou qǐ

什 么 时 候 睡。
shén me shí hou shuì

Without legs or mouth, but it can both walk and talk. It can tell us when to awake and when to sleep.

Learn to write

1. Structure of Chinese characters

上	七		
刻	时	候	睡
每	早	觉	

2. Examples of components

部　件 bù　jiàn	甲 骨 文 jiǎ gǔ wén	金　文 jīn　wén	小　篆 xiǎo zhuàn	楷　书 kǎi　shū	组　字 zǔ　zì
亥				亥	刻
目			目	目	睡
母				母	每
㇏				㇏	每

21 昨天、今天、明天
zuó tiān jīn tiān míng tiān

Look and say

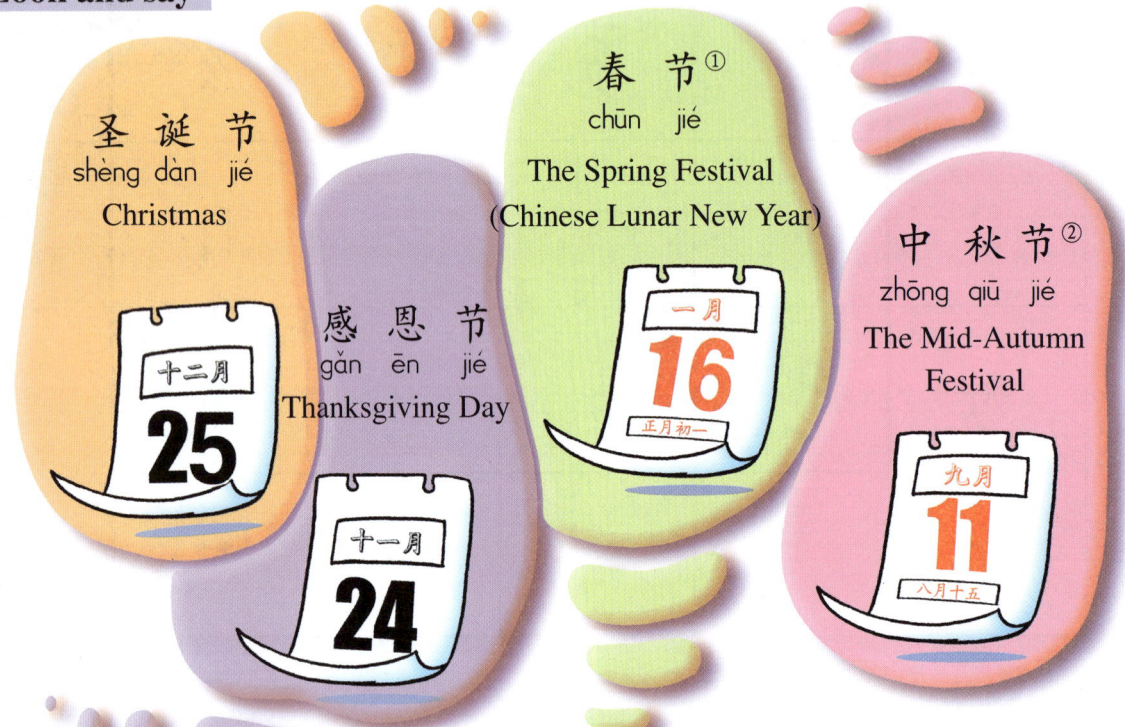

圣诞节
shèng dàn jié
Christmas
十二月 25

感恩节
gǎn ēn jié
Thanksgiving Day
十一月 24

春节①
chūn jié
The Spring Festival
(Chinese Lunar New Year)
一月 16 正月初一

中秋节②
zhōng qiū jié
The Mid-Autumn Festival
九月 11 八月十五

New words

1. 昨天　zuótiān　(n.)　yesterday
2. 明天　míngtiān　(n.)　tomorrow
3. 月　　yuè　　　(n.)　month
4. 号　　hào　　　(n.)　date③
5. 哪　　nǎ　　　(pron.) which
6. 天　　tiān　　(n.)　day
7. 明年　míngnián (n.)　next year

Proper nouns

- 感恩节 Gǎn'ēn Jié
  Thanksgiving Day
- 中国 Zhōngguó China
- 春节 Chūn Jié
  The Spring Festival
  (Chinese Lunar New Year)

①② Chinese lunar calendar.
③ Used mostly after numericals, here for date of month.

114

Wang Jiaming is asking Mary today's date when David joins them.

家明：今天几月几号？
jiā míng jīn tiān jǐ yuè jǐ hào

玛丽：十一月二十三号。
mǎ lì shí yī yuè èr shí sān hào

家明：感恩节是哪一天？
jiā míng gǎn ēn jié shì nǎ yì tiān

玛丽：明天。
mǎ lì míng tiān

大卫：中国的春节是哪一天？
dà wèi zhōng guó de chūn jié shì nǎ yì tiān

家明：明年一月十六日是春节。
jiā míng míng nián yī yuè shí liù rì shì chūn jié

Time expressions

昨 天 (yesterday)
zuó tiān

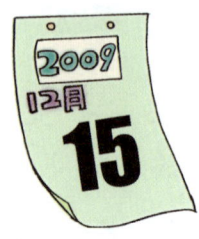

今 天 (today)
jīn tiān

明 天 (tomorrow)
míng tiān

去 年 (last year)
qù nián

今 年 (this year)
jīn nián

明 年 (next year)
míng nián

Do you know how many days are there in each month?

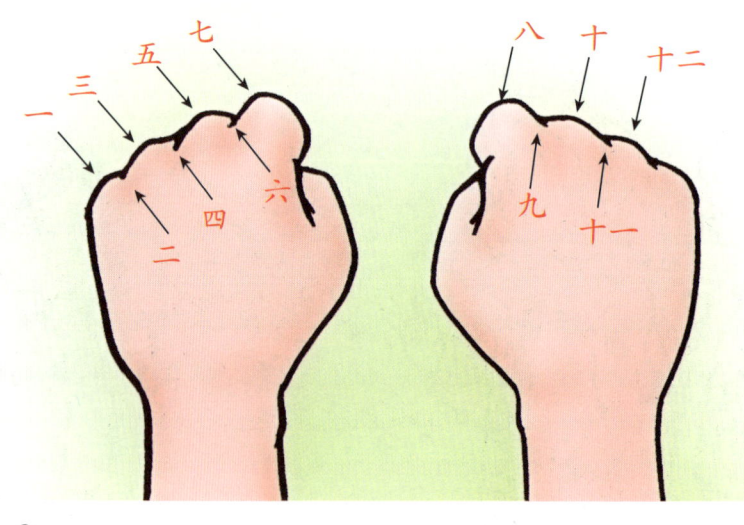

一 月 大①	二 月 小	三 月 大	四 月 小
yī yuè dà	èr yuè xiǎo	sān yuè dà	sì yuè xiǎo
五 月 大	六 月 小	七 月 大	八 月 大
wǔ yuè dà	liù yuè xiǎo	qī yuè dà	bā yuè dà
九 月 小	十 月 大	十 一 月 小	十 二 月 大
jiǔ yuè xiǎo	shí yuè dà	shí yī yuè xiǎo	shí èr yuè dà

---

① The "big month" refers to the solar month of 31 days, and the "small month" refers to the solar month of 30 days. Feburary is an exception. There are 29 days in Feburary once every four years, and in the remaining three years, it has only 28 days.

Interview a partner

1. 今天几月几号?
   jīn tiān jǐ yuè jǐ hào

2. 昨天几月几号?
   zuó tiān jǐ yuè jǐ hào

3. 明天几月几号?
   míng tiān jǐ yuè jǐ hào

Conversation practice: Substitute the alternate words to make a new dialogue.

A: 请问,今天几月几号?
   qǐng wèn jīn tiān jǐ yuè jǐ hào

B: 今天十一月二十四号。
   jīn tiān shí yī yuè èr shí sì hào

A: 啊,今天是感恩节。谢谢您!
   a jīn tiān shì gǎn ēn jié xiè xie nín

B: 不客气。
   bú kè qi

1. 十二月二十五号　　圣诞节
   shí èr yuè èr shí wǔ hào　shèng dàn jié

2. 一月十六号　　　　春节
   yī yuè shí liù hào　　　chūn jié

117

Class activity: Which is your favorite holiday?

Western holidays

- Shèngdàn Jié
- Gǎn'ēn Jié
- Fùhuó Jié
- Qíngrén Jié

Chinese holidays

- Chūn Jié
- Yuánxiāo Jié
- Duānwǔ Jié
- Zhōngqiū Jié

Phonetics

1. Listen to the recording, and then answer the following questions.

    (1) What's the date today?

    (2) When is the father's birthday?

2. Read aloud the following Chinese ancient poem.

    白 日 依 山 尽，
    bái rì yī shān jìn

    黄 河 入 海 流。
    huáng hé rù hǎi liú

    欲 穷 千 里 目，
    yù qióng qiān lǐ mù

    更 上 一 层 楼。
    gèng shàng yī céng lóu

    Way down behind the hills the sun is going,
    Into the sea the Yellow River's flowing.
    Wanting to see as far as my eyes could,
    Climb up still one more flight of stairs I should.

118

Learn to write

1. Structure of Chinese characters

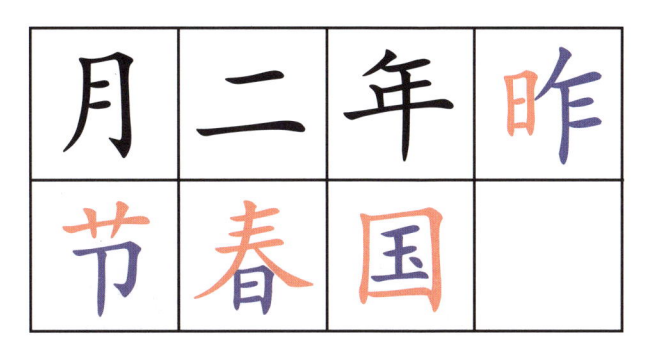

月	二	年	昨
节	春	国	

2. Examples of components

部　件 bù　jiàn	甲　骨　文 jiǎ　gǔ　wén	金　文 jīn　wén	小　篆 xiǎo　zhuàn	楷　书 kǎi　shū	组　字 zǔ　zì
艹			艸	草	节
龰	龰	龰	正	龰	是
白	白	白	白	白	的

22 星期六你干什么
xīng qī liù nǐ gàn shén me

Look and say

Jack's timetable

星期一 — 上学 shàng xué
星期二 — 打球 dǎ qiú
星期三 — 学汉语 xué hàn yǔ
星期四 — 听音乐 tīng yīn yuè
星期五 — 去朋友家 qù péng you jiā
星期六 — 看电影 kàn diàn yǐng
星期日(天) — 上网 shàng wǎng

New words

1. 星期 xīngqī (n.) day of the week [①]
2. 打算 dǎsuàn (v.) plan (to); be going to
3. 干 gàn (v.) do
4. 看 kàn (v.) see; look at; watch
5. 电影 diànyǐng (n.) movie
6. 行 xíng (v.) will do; be all right
7. 可以 kěyǐ (v.) can; may

① Used in combination with 日（天），一，二，三，四，五，六 to denote day of the week.

120

Mary wants to go to see a movie with Wang Jiaming, David and Jack.

玛丽：家明，星期六你打算干什么？
mǎ lì　jiā míng　xīng qī liù nǐ dǎ suàn gàn shén me

家明：我打算跟大卫、杰克一起看电影。
jiā míng　wǒ dǎ suàn gēn dà wèi　jié kè yì qǐ kàn diàn yǐng

你打算干什么？
nǐ dǎ suàn gàn shén me

玛丽：我跟你们一起去看电影，行吗？
mǎ lì　wǒ gēn nǐ men yì qǐ qù kàn diàn yǐng xíng ma

家明：当然可以。
jiā míng　dāng rán kě yǐ

Read and match

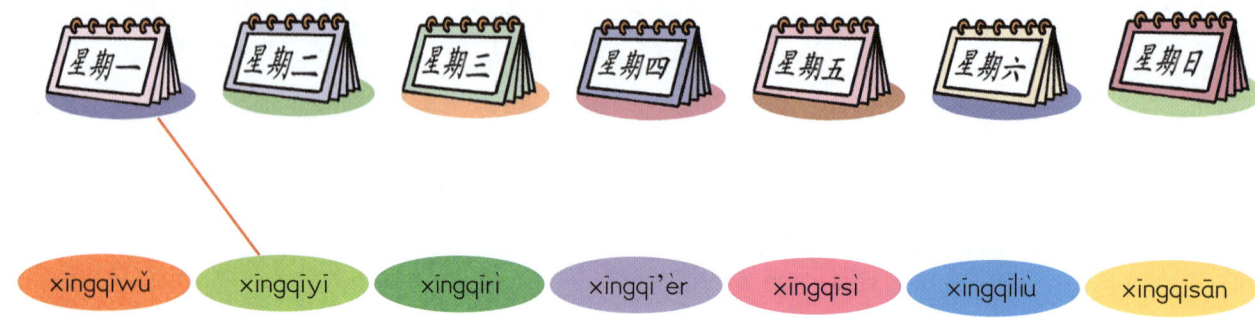

星期一 　星期二 　星期三 　星期四 　星期五 　星期六 　星期日

xīngqīwǔ　xīngqīyī　xīngqīrì　xīngqī'èr　xīngqīsì　xīngqīliù　xīngqīsān

Conversation practice: Substitute the alternate words to make a new dialogue.

A: 杰 克， 星 期 六 你 打 算 干 什 么?
　　jié kè   xīng qī liù nǐ dǎ suàn gàn shén me

B: 我 跟 朋 友 们 一 起 去 打 篮 球，
　　wǒ gēn péng you men yì qǐ qù dǎ lán qiú

　 你 呢? 打 算 干 什 么?
　　nǐ ne   dǎ suàn gàn shén me

A: 我 跟 你 们 一 起 去 打 篮 球，可
　　wǒ gēn nǐ men yì qǐ qù dǎ lán qiú kě

　 以 吗?
　　yǐ ma

B: 当 然 可 以。（对 不 起①，不 行）
　　dāng rán kě yǐ   duì bu qǐ   bù xíng

1. 星 期 日　Steven、Bill　学 开 车
   xīng qī rì   xué kāi chē

2. 今 天　Tom、Fred　打 网 球
   jīn tiān   dǎ wǎng qiú

3. 明 天　Jane、Betty　看 电 影
   míngtiān   kàn diàn yǐng

Interview a partner

1. 一 个 星 期 有 几 天?
   yí ge xīng qī yǒu jǐ tiān

2. 今 天 星 期 几?
   jīn tiān xīng qī jǐ

3. 这 个 星 期 六、星 期 日 你 打 算
   zhè ge xīng qī liù xīng qī rì nǐ dǎ suàn

   干 什 么?
   gàn shén me

---
① I'm sorry.

Class activity: Make up your own Chinese movie poster.

Phonetics

1. Listen to the recording, and then answer the following questions.

    (1) What is Mary going to do this Sunday?

    (2) Whom is Mary going with?

    (3) What is the boy going to do this Sunday?

2. Read aloud the following children's song.

我 是 小 金 鱼, 住 在 池 塘 里,
wǒ shì xiǎo jīn yú zhù zài chí táng li

游 过 来, 游 过 去, 总 是 不 如 意。
yóu guò lái yóu guò qù zǒng shì bù rú yì

努 力 游, 努 力 游, 游 过 了 小 河,
nǔ lì yóu nǔ lì yóu yóu guò le xiǎo hé

一 天 又 一 天, 来 到 大 海 里。
yì tiān yòu yì tiān lái dào dà hǎi li

I'm a little goldfish living in a pond. Swimming to and fro, but I couldn't have fun. Struggling and struggling, finally I left the creek behind. Day after day, eventually I reached the ocean.

123

Learn to write

1. Structure of Chinese characters

干	电	期	跟	影
行	以	算	看	

2. Examples of components

部件 bù jiàn	甲骨文 jiǎ gǔ wén	金文 jīn wén	小篆 xiǎo zhuàn	楷书 kǎi shū	组字 zǔ zì
其			其	其	期
足			足	足	跟
景			景	景	影
手				手	看

124

23 今天天气怎么样
jīn tiān tiān qì zěn me yàng

Look and say

下雨
xià yǔ

下雪
xià xuě

刮风
guā fēng

晴天
qíng tiān

New words

1. 天气	tiānqì	(n.)	weather
2. 怎么样	zěnmeyàng	(pron.)	how
3. 刮（风）	guā(fēng)	(v.)	(of wind) blow
4. 风	fēng	(n.)	wind
5. 下午	xiàwǔ	(n.)	afternoon
6. 可能	kěnéng	(adv.)	maybe; perhaps
7. 下雨	xià yǔ		rain
8. 带	dài	(v.)	take; bring; carry
9. 雨伞	yǔsǎn	(n.)	umbrella
10. 哪儿	nǎr	(pron.)	where
11. 外面	wàimian	(n.)	outside
12. 雨衣	yǔyī	(n.)	raincoat

Wang Jiaming is about to go to school and he is asking his father about today's weather.

家明：爸爸，今天天气怎么样？

爸爸：现在刮风，下午可能下雨。

家明：我带雨伞吧，我的雨伞在哪儿？

爸爸：外面风很大，你带雨衣吧！

Read aloud

刮 风　　下 雨
guā fēng　xià yǔ

带 雨 伞　　带 雨 衣
dài yǔ sǎn　dài yǔ yi

一 把① 雨 伞　　一 件② 雨 衣
yì bǎ yǔ sǎn　yí jiàn yǔ yī

现 在 外 面 风 很 大　　现 在 外 面 雨 很 大
xiàn zài wài mian fēng hěn dà　xiàn zài wài mian yǔ hěn dà

On your own

1. Match the pictures with the words.

下 雨、刮 风
xià yǔ guā fēng

下 雨
xià yǔ

雨 伞
yǔ sǎn

雨 衣
yǔ yī

2. Ask and answer questions based on the given words.

A: 今 天 天 气 怎 么 样？
　　jīn tiān tiān qì zěn me yàng

B: 今 天 可 能 下 雨。
　　jīn tiān kě néng xià yǔ

1. 明 天　　下 雨
　　míng tiān　xià yǔ

2. 星 期 六　　刮 风
　　xīng qī liù　guā fēng

3. 后 天　　下 雪
　　hòu tiān　xià xuě

4. 星 期 日　　刮 风、下 雨
　　xīng qī rì　guā fēng xià yǔ

---

① 把：A measure word, used for a tool with a handle.

② 件：A measure word, mainly used for clothes or matters.

Class activity

1. Chart the weather this week and make a weather map. Be your own meteorologist!

星期一	星期二	星期三	星期四	星期五	星期六	星期日
xīng qī yī	xīng qī èr	xīng qī sān	xīng qī sì	xīng qī wǔ	xīng qī liù	xīng qī rì

2. Discuss your weather map with a partner.

Example

A：星期六天气怎么样？
　　xīng qī liù tiān qì zěn me yàng

B：星期六天气很好。你打算干什么？
　　xīng qī liù tiān qì hěn hǎo nǐ dǎ suàn gàn shén me

Phonetics

1. Listen to the recording, and then answer the following questions.

　　(1) Is it raining outside?

　　(2) Is the wind blowing outside?

　　(3) What does the boy ask the woman to take with her?

2. Read aloud the following tongue twister.

他喜欢琵琶，我喜欢吉他。
tā xǐ huan pí pá wǒ xǐ huan jí tā

他说琵琶好，我说吉他好。
tā shuō pí pá hǎo wǒ shuō jí tā hǎo

现在你来听，
xiàn zài nǐ lái tīng

是琵琶好还是吉他好。
shì pí pá hǎo hái shi jí tā hǎo

> He likes *pipa*[①]; I like guitar. He says *pipa* is better than guitar; I say guitar is better than *pipa*. Now you can listen which is better, *pipa* or guitar?

[①] A plucked string instrument with a fretted fingerboard.

128

Learn to write

1. Structure of Chinese characters

下	午	雨	面	样
刮	能	外	伞	带

2. Examples of components

部件 bù jiàn	甲骨文 jiǎ gǔ wén	金文 jīn wén	小篆 xiǎo zhuàn	楷书 kǎi shū	组字 zǔ zì
羊			羊	羊	样
巾	巾	巾	巾	巾	带
几				几	风

129

24 冬天冷，夏天热
dōng tiān lěng, xià tiān rè

Look and say

冬天冷，夏天热，春天常常刮风，秋天不冷也不热。
dōng tiān lěng, xià tiān rè, chūn tiān cháng cháng guā fēng, qiū tiān bù lěng yě bú rè.

Winter is cold; summer is hot; spring is extremely windy; fall is neither cold nor hot.

冬天 dōng tiān

夏天 xià tiān

春天 chūn tiān

秋天 qiū tiān

New words

1.	新年	xīnnián	(n.)	New Year
2.	最近	zuìjìn	(n.)	recently; lately
3.	忙	máng	(adj.)	busy
4.	冬天	dōngtiān	(n.)	winter
5.	冷	lěng	(adj.)	cold
6.	夏天	xiàtiān	(n.)	summer
7.	热	rè	(adj.)	hot
8.	春天	chūntiān	(n.)	spring
9.	常常	chángcháng	(adv.)	often
10.	秋天	qiūtiān	(n.)	fall
11.	非常	fēicháng	(adv.)	very
12.	觉得	juéde	(v.)	think; feel
13.	最	zuì	(adv.)	most; least; best; to the highest or lowest degree
14.	节日	jiérì	(n.)	holiday; festival

130

Proper nouns
- 北京　Běijīng　Beijing
- 小雨　Xiǎoyǔ　a person's name, literally "drizzle"

David has just received a letter from one of his friends in Beijing.

大卫：

　　新年好！

　　最近忙不忙？你打算什么时候来北京？北京的冬天很冷，夏天很热。春天不冷，可是常常刮风。秋天非常好，不冷也不热。我觉得秋天最好。

　　祝你节日快乐！

　　　　　　　你的朋友：小雨

　　　　　　　　　1月5日

Dàwèi:

　　Xīnnián hǎo!

　　Zuìjìn máng bu máng? Nǐ dǎsuàn shénme shíhou lái Běijīng? Běijīng de dōngtiān hěn lěng, xiàtiān hěn rè. Chūntiān bù lěng, kěshì chángcháng guā fēng. Qiūtiān fēicháng hǎo, bù lěng yě bú rè. Wǒ juéde qiūtiān zuì hǎo.

　　Zhù nǐ jiérì kuàilè!

　　　　　　　Nǐ de péngyou: Xiǎoyǔ
　　　　　　　　　yī yuè wǔ rì

Read aloud

祝 你 生 日 快 乐!
zhù nǐ shēng rì kuài lè

祝 你 新 年 快 乐!
zhù nǐ xīn nián kuài lè

祝 你 节 日 快 乐!
zhù nǐ jié rì kuài lè

On your own: Ask and answer questions based on the given words.

1. A：最 近 忙 不 忙?
　　 zuì jìn máng bu máng

　 B：很 忙。
　　 hěn máng

   1. 非 常 忙
      fēi cháng máng
   2. 有 点 儿 忙
      yǒu diǎnr　　 máng
   3. 不 太 忙
      bú tài máng

2. A：最 近 怎 么 样?
　　 zuì jìn zěn me yàng

　 B：还 好。
　　 hái hǎo

   1. 非 常 忙
      fēi cháng máng
   2. 还 不 错
      hái bú cuò
   3. 很 不 好
      hěn bù hǎo

Interview a partner

1. 你 觉 得 北 京 的 天 气 怎 么 样?
   nǐ jué de běi jīng de tiān qì zěn me yàng

2. 你 们 这 里 的 天 气 好 不 好?
   nǐ men zhè li de tiān qì hǎo bu hǎo

3. 这 里 夏 天 热 不 热? 冬 天 冷 不 冷?
   zhè li xià tiān rè bu rè dōng tiān lěng bu lěng

4. 你 觉 得 哪 个 季 节 最 好?
   nǐ jué de nǎ ge jì jié zuì hǎo

Writing

Use Chinese to write a letter to a friend living in another city. Describe the weather in your city and don't forget to ask when they are coming for a visit at the end of the letter.

Phonetics

1. Listen to the recording, and then answer the following questions.

(1) Where is the woman?

(2) What is the boy going to do?

(3) Is it in spring or in summer when they have this telephone conversation?

(4) Has Ms. Wang been busy these days?

(5) Does Ms. Wang invite David to come to Beijing?

2. Read aloud the following children's song.

春 天 在 哪 里 呀，春 天 在 哪 里？
chūn tiān zài nǎ li ya chūn tiān zài nǎ li

春 天 在 那 青 翠 的 山 林 里，
chūn tiān zài nà qīng cuì de shān lín li

这 里 有 红 花 呀，这 里 有 绿 草，
zhè li yǒu hóng huā ya zhè li yǒu lǜ cǎo

还 有 那 会 唱 歌 的 小 黄 鹂。
hái yǒu nà huì chàng gē de xiǎo huáng lí

> Where is spring? Where is spring? Spring lies in the green woods, with red flowers and green grass, and the singing little orioles.

Can you sing it?

Learn to write

1. Structure of Chinese characters

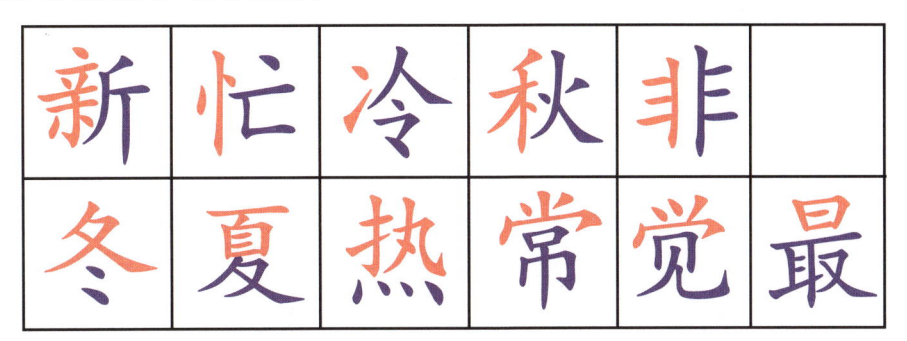

新	忙	冷	秋	非	
冬	夏	热	常	觉	最

2. Examples of components

部件 bù jiàn	甲骨文 jiǎ gǔ wén	金文 jīn wén	小篆 xiǎo zhuàn	楷书 kǎi shū	组字 zǔ zì
斤	斤	斤	斤	斤	新 近
亡	亡	亡	亡	亡	忙
夂				夂	冬 夏
冫	仌	仌	仌	冫	冷

135

Unit Summary

Functional Usage

1. Inquiring about and giving the time

现在几点?现在九点半。
xiàn zài jǐ diǎn xiàn zài jiǔ diǎn bàn

2. Explaining one's schedule

我每天七点一刻起床。
wǒ měi tiān qī diǎn yí kè qǐ chuáng

3. Inquiring about and giving the date

今天几月几号?
jīn tiān jǐ yuè jǐ hào
今天十一月二十三号。
jīn tiān shí yī yuè èr shí sān hào

4. Inquring about and explaining one's plans

星期六你打算干什么?
xīng qī liù nǐ dǎ suàn gàn shén me
我打算跟大卫、杰克一起看电影。
wǒ dǎ suàn gēn dà wèi jié kè yì qǐ kàn diàn yǐng

5. Inquiring about and telling the weather

今天天气怎么样?
jīn tiān tiān qì zěn me yàng
现在刮风,下午可能下雨。
xiàn zài guā fēng xià wǔ kě néng xià yǔ

6. Expressing one's opinions

我觉得北京的秋天最好。
wǒ jué de běi jīng de qiū tiān zuì hǎo

7. Explaining the climate

冬天很冷,夏天很热,秋天不冷也不热。
dōng tiān hěn lěng xià tiān hěn rè qiū tiān bù lěng yě bú rè

GRAMMAR FOCUS

Sentence pattern   *Example*

1. 现在九点半。
   xiàn zài jiǔ diǎn bàn

2. 我每天七点一刻起床。
   wǒ měi tiān qī diǎn yí kè qǐ chuáng

3. 今天十一月二十三号。
   jīn tiān shí yī yuè èr shí sān hào

4. ……跟……一起　　我跟你们一起去看电影。
   gēn　　yì qǐ　　　wǒ gēn nǐ men yì qǐ qù kàn diàn yǐng

5. ……打算……　　我打算跟他们一起看电
   dǎ suàn　　　　wǒ dǎ suàn gēn tā men yì qǐ kàn diàn
   　　　　　　　影。
   　　　　　　　yǐng

6. ……怎么样　　　今天天气怎么样?
   zěn me yàng　　jīn tiān tiān qì zěn me yàng

7. ……觉得……　　我觉得北京的秋天最好。
   jué de　　　　　wǒ jué de běi jīng de qiū tiān zuì hǎo

Unit Five

Food and Clothing

Look and say

hēi

chéng

lǜ

lán

zǐ

bái

hóng

huáng

Wǒ yào èrshí ge jiǎozi.

Yígòng duōshao qián?

Chuān zhè jiàn háishi chuān nà jiàn?

139

25 我要二十个饺子
wǒ yào èr shí ge jiǎo zi

Look and say

饺子 jiǎo zi

包子 bāo zi

您吃点儿什么?
nín chī diǎnr shén me
(What would you like to eat?)

蛋炒饭 dàn chǎo fàn

鸡蛋汤 jī dàn tāng

饮料 yǐn liào

New words

1. 先生	xiānsheng	(n.)	mister; sir; gentleman
2. (一)点(儿)	(yì)diǎn(r)	(m.)	a little; a bit; some
3. 饺子	jiǎozi	(n.)	dumpling
4. 个	ge	(m.)	a measure word①
5. 喝	hē	(v.)	drink
6. 饮料	yǐnliào	(n.)	beverage
7. 碗	wǎn	(m.)	bowl
8. 鸡蛋	jīdàn	(n.)	egg
9. 汤	tāng	(n.)	soup

① Usually used before a noun having no particular classifier.

140

Jack is eating dinner at a Chinese restaurant.

服务员：先生，您吃点儿什么？
fú wù yuán　xiān sheng　nín chī diǎnr　shén me

杰　克：有饺子吗？
jié　kè　yǒu jiǎo zi ma

服务员：有，要多少？
fú wù yuán　yǒu　yào duō shao

杰　克：二十个饺子。
jié　kè　èr shí ge jiǎo zi

服务员：好。您喝什么饮料？
fú wù yuán　hǎo　nín hē shén me yǐn liào

杰　克：我不要饮料，要一碗鸡蛋汤。
jié　kè　wǒ bú yào yǐn liào　yào yì wǎn jī dàn tāng

服务员：好。
fú wù yuán　hǎo

Read and match

一个饺子	一个鸡蛋	一个包子	一碗汤	一份蛋炒饭
yí ge jiǎo zi	yí ge jī dàn	yí ge bāo zi	yì wǎn tāng	yí fèn dàn chǎo fàn

Conversation practice: Substitute the alternate words to make a new dialogue.

A：您好！您吃点儿什么？
　　nín hǎo nín chī diǎnr shén me

B：二十个饺子。
　　èr shí ge jiǎo zi

A：您喝点儿什么？
　　nín hē diǎnr shén me

B：我不要饮料，要一碗汤。
　　wǒ bú yào yǐn liào yào yì wǎn tāng

1. 六个包子
   liù ge bāo zi

2. 十个包子
   shí ge bāo zi

3. 一份蛋炒饭
   yí fèn dàn chǎo fàn

Class activity

You have $15 to spend. What would you like to eat?

饺子	jiǎozi	dumplings	$3
包子	bāozi	steamed stuffed bun	$3
蛋炒饭	dànchǎofàn	fried rice with eggs	$5
鸡蛋汤	jīdàntāng	egg soup	$2
酸甜肉	suāntiánròu	sweet and sour meat	$10

Phonetics

1. Listen to the recording, and then answer the following questions.

    (1) What would he like to eat?

    (2) How much does he want?

    (3) Does he want anything to drink?

2. Read aloud the following Chinese ancient poem.

锄 禾 日 当 午,
chú hé rì dāng wǔ

汗 滴 禾 下 土。
hàn dī hé xià tǔ

谁 知 盘 中 餐,
shuí zhī pán zhōng cān

粒 粒 皆 辛 苦。
lì lì jiē xīn kǔ

> At noon they hoe up weeds.
>
> Their sweat drips on the soil.
>
> Who knows the rice that feeds,
>
> Is the fruit of hard toil!

Learn to write

1. Structure of Chinese characters

子	个	饺	喝	饮
料	碗	鸡	汤	先

2. Examples of components

部件 bù jiàn	甲骨文 jiǎ gǔ wén	金文 jīn wén	小篆 xiǎo zhuàn	楷书 kǎi shū	组字 zǔ zì
饣	🥘	🥘	🥘	食	饺 饮
石	🗿	🗿	🗿	石	碗
鸟	🐦	🐦	🐦	鸟(鳥)	鸡
汤	旦	昜	昜	汤(昜)	汤

144

26 你们家买不买年货
nǐ men jiā mǎi bu mǎi nián huò

Look and say

年货
nián huò

压岁钱
yā suì qián

礼物
lǐ wù

New words

1. 热闹　　rènao　　　　(adj.)　　busy; bustling
2. 为什么　wèi shénme　　　　　　why
3. 因为　　yīnwèi　　　(conj.)　　because
4. 后天　　hòutiān　　　(n.)　　　the day after tomorrow
5. 买　　　mǎi　　　　　(v.)　　　buy
6. 年货　　niánhuò　　　(n.)　　　special purchases for the Spring Festival
7. 过年　　guònián　　　(v.)　　　celebrate the New Year or the Spring Festival
8. 用　　　yòng　　　　　(v.)　　　use
9. 东西　　dōngxi　　　　(n.)　　　thing; stuff
10. 礼物　　lǐwù　　　　　(n.)　　　present; gift
11. 去年　　qùnián　　　　(n.)　　　last year
12. 收到　　shōudào　　　　　　　　receive; get
13. 多　　　duō　　　　　(adj.)　　many; much
14. 压岁钱　yāsuìqián　　　(n.)　　money given to children as a Lunar New Year gift

145

Wang Jiaming is talking about the Spring Festival with Jack.

杰克：今天这里很热闹，为什么？

家明：因为后天是春节，大家都买年货。

杰克：什么是年货？

家明：年货是过年的时候吃的和用的东西。

杰克：过年的时候有没有礼物？

家明：有啊。去年我收到很多礼物，还收到很多压岁钱。

Read aloud

很 多 礼 物
hěn duō lǐ wù

很 多 东 西
hěn duō dōng xi

很 多 压 岁 钱
hěn duō yā suì qián

春 节 的 时 候
chūn jié de shí hou

过 年 的 时 候
guò nián de shí hou

吃 饭 的 时 候
chī fàn de shí hou

On your own: Ask and answer questions based on the given words.

A：这 里 很 热 闹，为 什 么？
zhè lǐ hěn rè nao wèi shén me

B：因 为 后 天 是 春 节。
yīn wèi hòu tiān shì chūn jié

1. 他 们 家 很 热 闹   今 天 是 春 节
   tā men jiā hěn rè nao   jīn tiān shì chūn jié

2. 他 很 高 兴   他 收 到 很 多 礼 物
   tā hěn gāo xìng   tā shōu dào hěn duō lǐ wù

3. 她 很 高 兴   她 收 到 很 多 压 岁 钱
   tā hěn gāo xìng   tā shōu dào hěn duō yā suì qián

Interview your partners

1. 过 年 的 时 候，你 们 家 买 年 货 吗？
   guò nián de shí hou nǐ men jiā mǎi nián huò ma

2. 爸 爸 妈 妈 给 你 压 岁 钱 吗？
   bà ba mā ma gěi nǐ yā suì qián ma

3. 你 喜 欢 过 年 吗？为 什 么？
   nǐ xǐ huan guò nián ma wèi shén me

Class activity

1. What are the similarities and differences in how people celebrate Spring Festival and Christmas?

春 节
- families get together
- give children money as a gift
- ...

圣诞节
- families get together
- give children gifts
- ...

147

2. Chinese families usually decorate the windows with paper-cuts during Spring Festival. These paper-cuts are all made by hand. Why don't you try to make some of your own paper-cuts?

Phonetics

1. Listen to the recording, and then answer the following questions.

    (1) Why does the boy buy a cake?

    (2) Does he buy any gifts for his mother?

    (3) What gift does he buy?

2. Read aloud the following children's song.

新 年 到，新 年 到，
xīn nián dào xīn nián dào

穿 新 衣，戴 新 帽，
chuān xīn yī dài xīn mào

吃 饺 子，放 花 炮，
chī jiǎo zi fàng huā pào

新 年、新 年 真 热 闹！
xīn nián xīn nián zhēn rè nao

New Year is here. New Year is here.

We have new clothes and hats to wear.

A time to make dumplings and set off firecrackers.

What a lively and crazy New Year!

Learn to write

1. Structure of Chinese characters

为	用	东	西	礼
物	收	后	买	货
闹	过	压	因	

2. Examples of components

部件 bù jiàn	甲骨文 jiǎ gǔ wén	金文 jīn wén	小篆 xiǎo zhuàn	楷书 kǎi shū	组字 zǔ zì
牛	ψ	🐂	半	牛	物
口			ロ	口	因
攵			与	攵	收

149

27 一共多少钱
yí gòng duō shao qián

Look and say

果酱
guǒ jiàng

口香糖
kǒu xiāng táng

黄油
huáng yóu

面包
miàn bāo

New words

1.	盒	hé	(m.)	box
2.	牛奶	niúnǎi	(n.)	milk
3.	瓶	píng	(m.)	bottle
4.	果酱	guǒjiàng	(n.)	jam
5.	块	kuài	(m.)	lump; piece①
6.	黄油	huángyóu	(n.)	butter
7.	面包	miànbāo	(n.)	bread
8.	别的	biéde	(pron.)	else; other; another
9.	包	bāo	(m.)	a measure word②
10.	口香糖	kǒuxiāngtáng	(n.)	chewing gum
11.	一共	yígòng	(adv.)	altogether
12.	找	zhǎo	(v.)	give change

① Used for sth. cubical or flat in shape.
② Used for bunddled or packaged things.

Wang Jiaming is shopping.

店员：您好，您买什么？

家明：我买一盒牛奶、一瓶果酱、三块黄油和两个面包。

店员：还要别的东西吗？

家明：还要一包口香糖。一共多少钱？

店员：一共十二元。

店员：这是一百元，找您八十八元。

Read and match

两碗汤
liǎng wǎn tāng

一块黄油
yí kuài huáng yóu

两瓶果酱
liǎng píng guǒ jiàng

一盒牛奶
yì hé niú nǎi

两个面包
liǎng ge miàn bāo

一百元钱
yì bǎi yuán qián

四个饺子
sì ge jiǎo zi

两包口香糖
liǎng bāo kǒu xiāng táng

Conversation practice: Substitute the alternate words to make a new dialogue.

A：一共多少钱？
　　yí gòng duō shao qián

B：一共 47 元，这是 50 元，
　　yí gòng sì shí qī yuán zhè shì wǔ shí yuán

　　找您 3 元。
　　zhǎo nín sān yuán

1. 55 元　　100 元　　45 元
   wǔ shí wǔ yuán　yì bǎi yuán　sì shí wǔ yuán

2. 69 元　　70 元　　1 元
   liù shí jiǔ yuán　qī shí yuán　yì yuán

3. 88 元　　100 元　　12 元
   bā shí bā yuán　yì bǎi yuán　shí èr yuán

152

Calculations: Read the result out loud in Chinese.

20 − 11 =   50 − 13 =   100 − 78 =   80 − 59 =

Class activity: Going shopping.

Come to think of it, what do you need since your refrigerator is almost empty? Make a shopping list.

My shopping List
牛奶　10盒　50元
果酱　5瓶　10元

Phonetics

1. **Listen to the recording, and then answer the following questions.**

    (1) What does the boy buy?

    (2) How much does he spend on these things?

2. **Read aloud the following riddle and make a guess.**

双	手	抓	不	起 ，
shuāng	shǒu	zhuā	bù	qǐ
大	刀	劈	不	开 。
dà	dāo	pī	bù	kāi
做	饭	和	洗	衣 ，
zuò	fàn	hé	xǐ	yī
都	要	请	它	来 。
dōu	yào	qǐng	tā	lái

You can neither hold it in your hand nor cut it in half with a knife, but you cannot do without it when cooking and washing.

153

Learn to write

1. Structure of Chinese characters

牛	果	百	八	
瓶	块	油	别	糖
盒	酱	香	共	

2. Examples of components

部件 bù jiàn	甲骨文 jiǎ gǔ wén	金文 jīn wén	小篆 xiǎo zhuàn	楷书 kǎi shū	组字 zǔ zi
土	◊	⊥	土	土	块
由				由	油
另				另	别
唐			萄	唐	糖
酉	▽	甴	酉	酉	酱
瓦				瓦	瓶

154

28 你 喜 欢 什 么 颜 色
nǐ xǐ huan shén me yán sè

Look and say

红 hóng
橙 chéng
黄 huáng
绿 lǜ
青 qīng
蓝 lán
紫 zǐ

New words

1. 颜色　yánsè　　(n.)　　color
2. 蓝色　lánsè　　(n.)　　blue
3. 大海　dàhǎi　　(n.)　　sea; ocean
4. 绿色　lǜsè　　(n.)　　green
5. 树木　shùmù　　(n.)　　tree
6. 草地　cǎodì　　(n.)　　grassland
7. 红色　hóngsè　　(n.)　　red
8. 橙色　chéngsè　　(n.)　　orange
9. 种　　zhǒng　　(m.)　　kind; sort; type
10. 明亮　míngliàng　(adj.)　bright

David, Mary and Wang Jiaming are watching a fashion show.

大卫：你喜欢什么颜色？

玛丽：我喜欢蓝色，蓝色是大海的颜色。你呢？

大卫：我喜欢绿色。

玛丽：为什么？

大卫：因为树木、草地都是绿色的。家明呢，你喜欢什么颜色？

家明：我喜欢红色和橙色，这两种颜色很明亮。

On your own: Ask and answer questions based on the following pictures.

Example

A：树 木 是 什 么 颜 色 的?
　　shù mù shì shén me yán sè de

B：树 木 是 绿 色 的。
　　shù mù shì lǜ sè de

大 海
dà hǎi

草 地
cǎo dì

钱 包
qián bāo

文 具 盒
wén jù hé

雨 伞
yǔ sǎn

Conversation practice: Substitute the alternate words to make a new dialogue.

A：你 喜 欢 什 么 颜 色?
　　nǐ xǐ huan shén me yán sè

B：我 喜 欢 绿 色。
　　wǒ xǐ huan lǜ sè

A：为 什 么?
　　wèi shén me

B：因 为 绿 色 是 草 地 的 颜 色。
　　yīn wèi lǜ sè shì cǎo dì de yán sè

1. 红 色　　　　红 色 很 明 亮
　 hóng sè　　　hóng sè hěn míng liàng

2. 橙 色　　　　橙 色 很 漂 亮
　 chéng sè　　 chéng sè hěn piào liang

3. 蓝 色　　蓝 色 是 天 空 的 颜 色
　 lán sè　　lán sè shì tiān kōng de yán sè

Interview your friends

1. 你 喜 欢 什 么 颜 色? 为 什 么?
　 nǐ xǐ huan shén me yán sè wèi shén me

2. 你 爸 爸 妈 妈 喜 欢 什 么 颜 色?
　 nǐ bà ba mā ma xǐ huan shén me yán sè

3. 你 的 汉 语 老 师 喜 欢 什 么 颜 色?
　 nǐ de hàn yǔ lǎo shī xǐ huan shén me yán sè

4. 你 的 朋 友 们 喜 欢 什 么 颜 色?
　 nǐ de péng you men xǐ huan shén me yán sè

Class activity

A maze of color (see the appendix I).

Phonetics

1. Listen to the recording, and then answer the following questions.

    (1) What color does the girl like? Why?

    (2) What color does the boy like? Why?

2. Read aloud the following Chinese ancient poem.

鹅, 鹅, 鹅,
é   é   é

曲 项 向 天 歌。
qū xiàng xiàng tiān gē

白 毛 浮 绿 水,
bái máo fú lǜ shuǐ

红 掌 拨 清 波。
hóng zhǎng bō qīng bō

Geese, geese, geese,

Singing into the sky with curving necks.

White feather floating on the turquoise water,

Red pads playing with crystal ripples.

158

Learn to write

1. Structure of Chinese characters

木	颜	海	绿
地	红	橙	树
色	蓝	草	

2. Examples of components

部件 bù jiàn	甲骨文 jiǎ gǔ wén	金文 jīn wén	小篆 xiǎo zhuàn	楷书 kǎi shū	组字 zǔ zì
页				页(頁)	颜
录				录	绿
工			工	工	红
纟				糸	绿

159

29 穿 这 件 还 是 穿 那 件
chuān zhè jiàn hái shi chuān nà jiàn

Look and say

qúnzi kùzi màozi
yīfu wàzi xié

New words

1. 件   jiàn   (m.)   piece[①]
2. 衣服   yīfu   (n.)   clothes
3. 不错   búcuò   (adj.)   not bad
4. 穿   chuān   (v.)   wear
5. 还是   háishi   (conj.)   or
6. 如果   rúguǒ   (conj.)   if
7. 配   pèi   (v.)   match; go well with
8. 黑色   hēisè   (n.)   black
9. 裙子   qúnzi   (n.)   dress; skirt

---
① Mainly used for clothes or matters.

160

Mary is going to a party and she is asking her mother which dress she should wear.

玛丽：妈妈，这件衣服怎么样？
mǎ lì   mā ma   zhè jiàn yī fu zěn me yàng

妈妈：这件衣服很漂亮。
mā ma   zhè jiàn yī fu hěn piào liang

玛丽：那件呢？
mǎ lì   nà jiàn ne

妈妈：那件也不错。
mā ma   nà jiàn yě bú cuò

玛丽：今天我穿哪件？穿这件还是穿那件？
mǎ lì   jīn tiān wǒ chuān nǎ jiàn chuān zhè jiàn hái shi chuān nà jiàn

妈妈：如果配黑色的裙子，这件不好，那件好。
mā ma   rú guǒ pèi hēi sè de qún zi zhè jiàn bù hǎo nà jiàn hǎo

On your own: Ask and answer questions based on the following pictures.

1. A：这 件 衣服 怎么样？
   zhè jiàn yī fu zěn me yàng

   B：这 件 衣服 很 漂亮。
   zhè jiàn yī fu hěn piào liang

   1. 条　　红裙子　　　　很 不错
      tiáo　hóng qún zi　　　hěn bú cuò
   2. 条　　黑裙子　　　　也 很 漂亮
      tiáo　hēi qún zi　　　yě hěn piào liang

2. A：你 喜欢 红色 还是 蓝色？
   nǐ xǐ huan hóng sè hái shi lán sè

   B：我 喜欢 红色。
   wǒ xǐ huan hóng sè

   1. 绿色　　黑色
      lǜ sè　　hēi sè
   2. 红色　　橙色
      hóng sè　chéng sè

Class activity

1. **Fashion designer**

   Have you ever tried to design any clothes? Design an outlit, complete with colors, then use Chinese to describe it to your classmates.

裤子	kùzi	pants
鞋子	xiézi	shoes
帽子	màozi	hat
袜子	wàzi	socks

2. **Partiality for colors**

   Check your wardrobe and write down the colors of all your clothes. What color predominates your wardrobe? Is it your favorite color? Exchange what you have written down with your friends and ask for their suggestions on the colors of your clothing.

Phonetics

1. **Listen to the recording, and then answer the following questions.**

   (1) Which clothes does the boy think looks good? Why?

   (2) What color does the boy think matches the red dress?

2. **Read aloud the following tongue twister.**

   小 方 和 小 黄，
   xiǎo fāng hé xiǎo huáng

   一 起 画 凤 凰。
   yì qǐ huà fèng huáng

   小 方 画 黄 凤 凰，
   xiǎo fāng huà huáng fèng huáng

   小 黄 画 红 凤 凰。
   xiǎo huáng huà hóng fèng huáng

   红 凤 凰 和 黄 凤 凰，
   hóng fèng huáng hé huáng fèng huáng

   样 子 都 像 活 凤 凰。
   yàng zi dōu xiàng huó fèng huáng

   Xiao Fang and Xiao Huang are competing in drawing a phoenix.

   Xiao Fang is drawing a yellow phoenix.

   Xiao Huang is drawing a red phoenix.

   Red phoenix and yellow phoenix are both like real phoenixes.

Learn to write

1. Structure of Chinese characters

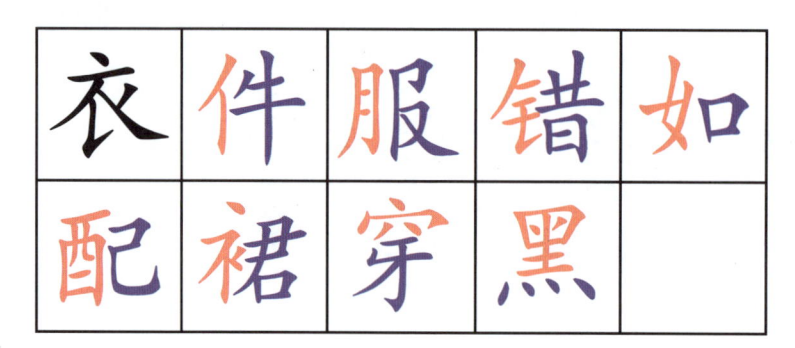

衣	件	服	错	如
配	裙	穿	黑	

2. Examples of components

部件 bù jiàn	甲骨文 jiǎ gǔ wén	金文 jīn wén	小篆 xiǎo zhuàn	楷书 kǎi shū	组字 zǔ zì
衤	衣	衣	衣	衣	裙
穴			內	穴	穿
己	己	己	己	己	配
昔	昔	昔	昔	昔	错

30 他什么样子
tā shén me yàng zi

Look and say

Can you describe these people?

New words

1. 车	chē	(n.)	car
2. 样子	yàngzi	(n.)	appearance; look
3. 辆	liàng	(m.)	a measure word①
4. 白色	báisè	(n.)	white
5. 男	nán	(adj.)	man
6. 头发	tóufa	(n.)	hair
7. 长	cháng	(adj.)	long
8. 戴	dài	(v.)	(of glasses, hats) wear
9. 副	fù	(m.)	pair; set
10. 墨镜	mòjìng	(n.)	dark glasses; sunglasses
11. 黄色	huángsè	(n.)	yellow
12. 紫色	zǐsè	(n.)	purple
13. 车牌	chēpái	(n.)	licence plate
14. 号码	hàomǎ	(n.)	number

Wang Jiaming was the victim of a hit-and-run accident. The policeman asked him to describe the car and the driver, so Wang Jiaming gave the following description.

那辆车是白色的。开车的人是男的，头发很长，戴一副墨镜，穿黄色的衣服，紫色的裤子。车牌号码是 FC59633。

Nà liàng chē shì báisè de. Kāichē de rén shì nán de, tóufa hěn cháng, dài yí fù mòjìng, chuān huángsè de yīfu, zǐsè de kùzi. Chēpái hàomǎ shì FC59633.

---
① Used for vehicles.

166

Read aloud

男 的
nán de

女 的
nǚ de

长 头 发
cháng tóu fa

短 头 发
duǎn tóu fa

一 辆 黑 色 的 汽 车
yí liàng hēi sè de qì chē

一 副 墨 镜
yí fù mò jìng

一 条 紫 色 的 裤 子
yì tiáo zǐ sè de kù zi

一 件 红 色 的 衣 服
yí jiàn hóng sè de yī fu

On your own: Ask and answer questions based on the following pictures.

1. A：那 辆 车 是 白 色 的 吗?
   nà liàng chē shì bái sè de ma

   B：对, 是 白 色 的。
   duì shì bái sè de

   1. 车 牌 号 码　　FC59633
      chē pái hào mǎ
   2. 开 车 的 人　　男 的
      kāi chē de rén　　nán de

2. A：他 的 头 发 是 黑 色 的 吗?
   tā de tóu fa shì hēi sè de ma

   B：不, 他 的 头 发 是 黄 色 的。
   bù tā de tóu fa shì huáng sè de

   1. 衣 服　　红 色　　橙 色
      yī fu　　hóng sè　　chéng sè
   2. 裤 子　　白 色　　紫 色
      kù zi　　bái sè　　zǐ sè

Phonetics

1. Listen to the recording, and then answer the following questions.

    (1) What does the man the girl asks about buy?

    (2) What color are the jacket and pants the man wears?

    (3) What color is the man's hair?

2. Read aloud the following children's song.

小 小 姑 娘 清 早 起 床，
xiǎo xiǎo gū niang qīng zǎo qǐ chuáng

提 着 花 篮 上 市 场，
tí zhe huā lán shàng shì chǎng

穿 过 大 街, 走 过 小 巷,
chuān guò dà jiē zǒu guò xiǎo xiàng

卖 花 儿 卖 花 儿 声 声 唱。
mài huār mài huār shēng shēng chàng

A little girl got up early in the morning. She went to the market with a basket of flowers for selling. Going through streets and lanes so zigzagging, "flowers for selling" was what she was singing.

Can you sing it?

卖 花 小 姑 娘
mài huā xiǎo gū niang

小小姑娘 清早起床， 提着花篮 上市场，

穿过大街， 走过小巷， 卖花儿卖花儿 声声唱。

168

Learn to write

1. Structure of Chinese characters

白	开	头	长	
辆	副	镜	牌	码
男	墨	紫	发	戴

2. Examples of components

部件 bù jiàn	甲骨文 jiǎ gǔ wén	金文 jīn wén	小篆 xiǎo zhuàn	楷书 kǎi shū	组字 zǔ zì
车	(jiǎgǔwén form)	(jīnwén form)	車	车(車)	辆
片			片	片	牌
田	田	田	田	田	男
力	(jiǎgǔwén form)	(jīnwén form)	力	力	男
糸	(jiǎgǔwén form)	(jīnwén form)	糸	糸	紫

169

Unit Summary

Functional Usage

1. Ordering food in a restaurant

我 要 二 十 个 饺 子。
wǒ yào èr shí ge jiǎo zi

我 要 一 碗 鸡 蛋 汤。
wǒ yào yì wǎn jī dàn tāng

2. Inquiring about and giving reasons

今 天 这 里 很 热 闹,
jīn tiān zhè li hěn rè nao

为 什 么?
wèi shén me

因 为 后 天 是 春 节,
yīn wèi hòu tiān shì chūn jié

大 家 都 买 年 货。
dà jiā dōu mǎi nián huò

3. Inquiring about and telling about the sum of money

一 共 多 少 钱?
yí gòng duō shao qián

一 共 十 二 元。
yí gòng shí èr yuán

4. Inquiring about and telling about one's favorite color

你 喜 欢 什 么 颜 色?
nǐ xǐ huan shén me yán sè

我 喜 欢 蓝 色。
wǒ xǐ huan lán sè

5. Asking for others' opinion on something

我 穿 这 件 还 是
wǒ chuān zhè jiàn hái shi

穿 那 件?
chuān nà jiàn

6. Describing the features of someone

开 车 的 人 是 男 的,
kāi chē de rén shì nán de

头 发 很 长,戴 一 副
tóu fa hěn cháng dài yí fù

墨 镜。
mò jing

GRAMMAR FOCUS

Sentence pattern   **Example**

1. (一) 点 儿
   yì diǎnr

   您 吃 点 儿 什 么?
   nín chī diǎnr   shén me

2. 因 为……
   yīn wèi

   因 为 后 天 是 春 节,
   yīn wèi hòu tiān shì chūn jié

   大 家 都 买 年 货。
   dà jiā dōu mǎi nián huò

3. V + 什 么
         shén me

   您 买 什 么?
   nín mǎi shén me

4. ……还 是……
      hái shi

   今 天 我 穿 这 件 还 是 穿 那
   jīn tiān wǒ chuān zhè jiàn hái shi chuān nà

   件?
   jiàn

5. 如 果……
   rú guǒ

   如 果 配 黑 色 的 裙 子,
   rú guǒ pèi hēi sè de qún zi

   这 件 不 好, 那 件 好。
   zhè jiàn bù hǎo nà jiàn hǎo

6. 是……的
   shì   de

   那 辆 车 是 白 色 的。
   nà liàng chē shì bái sè de

Unit Six

Sports and Health

Look and say

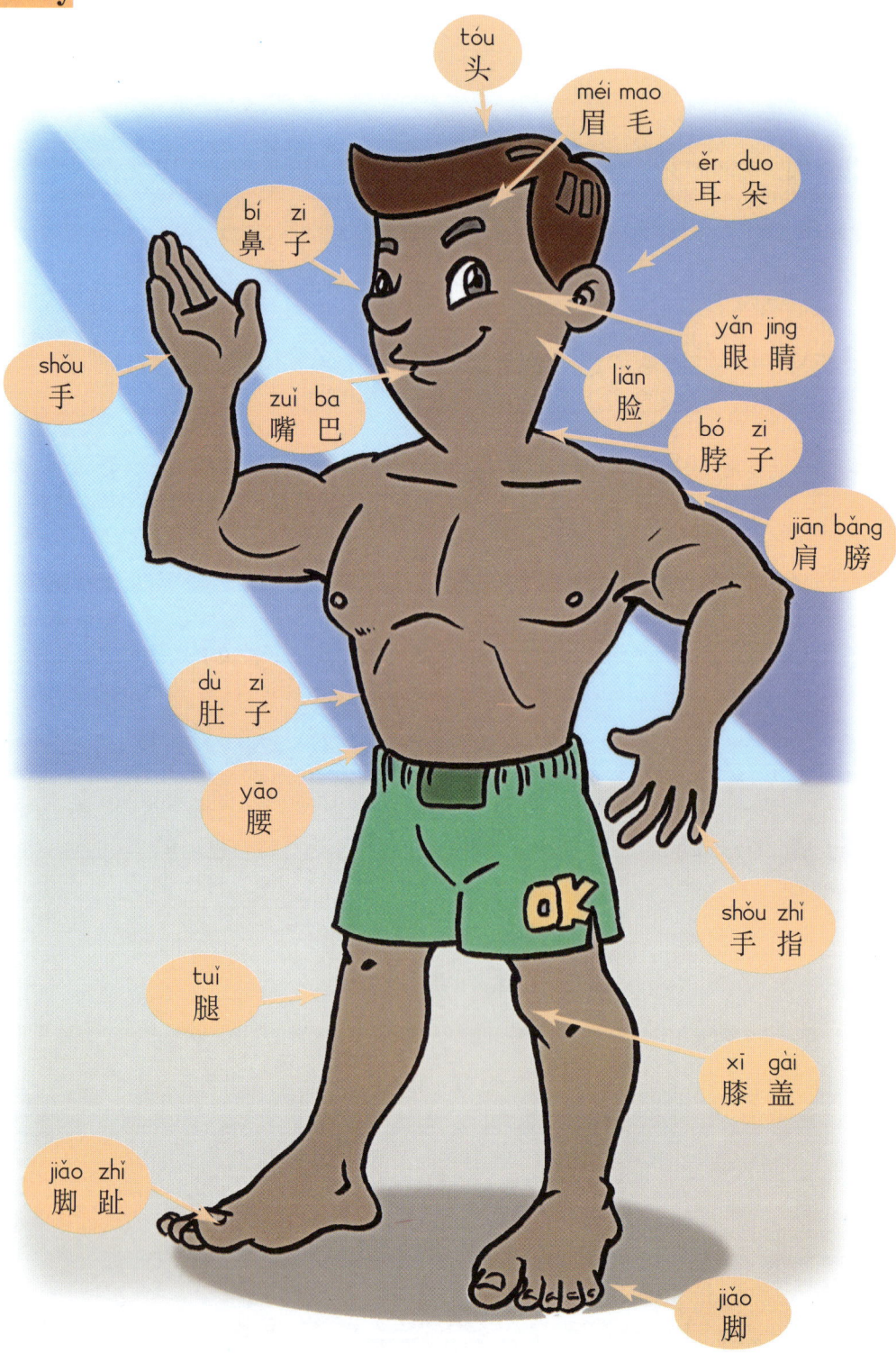

- tóu 头
- méi mao 眉毛
- ěr duo 耳朵
- bí zi 鼻子
- yǎn jing 眼睛
- liǎn 脸
- shǒu 手
- zuǐ ba 嘴巴
- bó zi 脖子
- jiān bǎng 肩膀
- dù zi 肚子
- yāo 腰
- shǒu zhǐ 手指
- tuǐ 腿
- xī gài 膝盖
- jiǎo zhǐ 脚趾
- jiǎo 脚

172

31 你哪儿不舒服
nǐ nǎr bù shū fu

Look and say

看病 kàn bìng

医生 yī shēng

吃药 chī yào

检查身体 jiǎn chá shēn tǐ

病人 bìng rén

New words

1. 疼　　téng　　　(v.)　　ache; hurt
2. 左　　zuǒ　　　(n.)　　left
3. 腿　　tuǐ　　　(n.)　　leg
4. 舒服　shūfu　　　(adj.)　be well; comfortable
5. 头　　tóu　　　(n.)　　head
6. 有点儿 yǒudiǎnr　(adv.)　a bit; rather ①
7. 检查　jiǎnchá　　(v.)　　examine; check
8. 一下　yíxià　　　　　　once ②
9. 身体　shēntǐ　　(n.)　　health; body
10. 问题　wèntí　　(n.)　　problem
11. 药　　yào　　　(n.)　　medicine
12. 休息　xiūxi　　(v.)　　rest

---

① Usually used for sth. unfavorable.

② Used after a verb, indicating an act or an attempt.

173

Wang Jiaming gets examined at the emergency room.

医生：你哪儿疼？
yī shēng　nǐ　nǎr　téng

家明：我左腿疼。
jiā míng　wǒ　zuǒ　tuǐ　téng

医生：还有哪儿不舒服？
yī shēng　hái yǒu nǎr　bù　shū fu

家明：我的头有点儿疼。
jiā míng　wǒ　de　tóu　yǒu diǎnr　téng

医生：好，我检查一下。你的身体没有大问题，
yī shēng　hǎo　wǒ jiǎn chá yí xià　nǐ de shēn tǐ méi yǒu dà wèn tí

　　　吃点儿药，休息一天吧。
　　　chī diǎnr　yào　xiū xi yì tiān ba

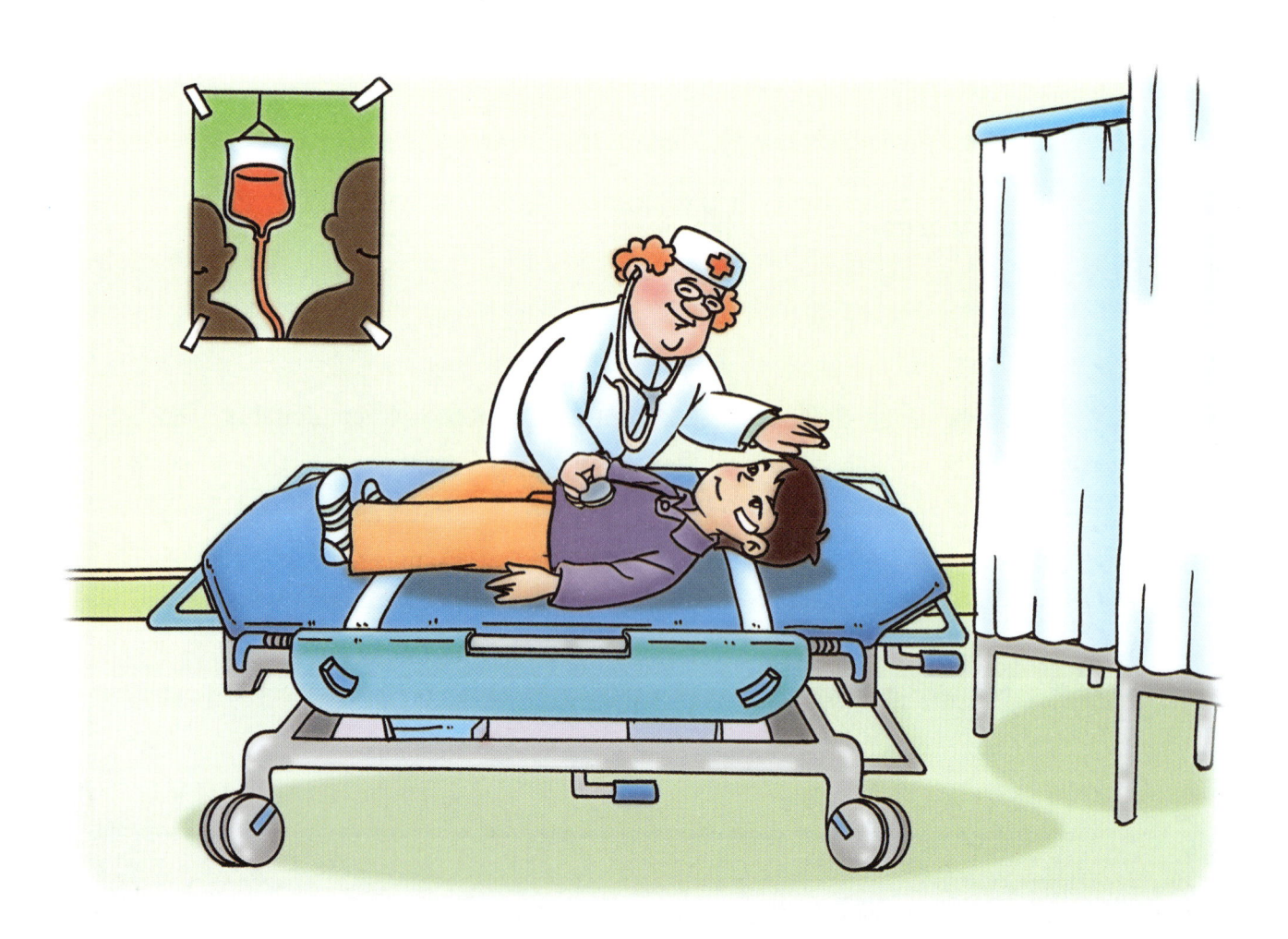

Answer the following questions.

1. 王家明的身体怎么样?
   wáng jiā míng de shēn tǐ zěn me yàng
2. 他哪儿疼?
   tā nǎr téng
3. 他哪儿不舒服?
   tā nǎr bù shū fu

Where does he hurt?

Tā nǎr téng?

tóu
ěrduo
yǎnjing
dùzi
tuǐ

他 头 疼、眼 睛 疼、耳 朵 疼、肚 子 疼,他 的 腿 也 疼。他 很 不 舒 服。
tā tóu téng yǎn jing téng ěr duo téng dù zi téng tā de tuǐ yě téng tā hěn bù shū fu

On your own: Ask and answer questions based on the following pictures.

A:你 哪 儿 不 舒 服?
  nǐ nǎr bù shū fu

B:我 的 头 有点儿 疼。
  wǒ de tóu yǒudiǎnr téng

头
tóu

腿
tuǐ

175

Class activity: Doctor, doctor, I need help...

Students get in groups of 5-6. One acts as the doctor and others as patients.

Phonetics

1. Listen to the recording, and then answer the following questions.

   (1) What does the woman do?

   (2) What is wrong with the man?

   (3) What does the woman suggest the man do?

2. Read aloud the following tongue twister.

吃 葡 萄 不 吐 葡 萄 皮 儿,
chī pú táo bù tǔ pú táo pír

不 吃 葡 萄 倒 吐 葡 萄 皮 儿。
bù chī pú táo dào tǔ pú táo pír

Eating grapes without spitting out their skin,
yet without eating grapes spitting out the skin.

Learn to write

1. Structure of Chinese characters

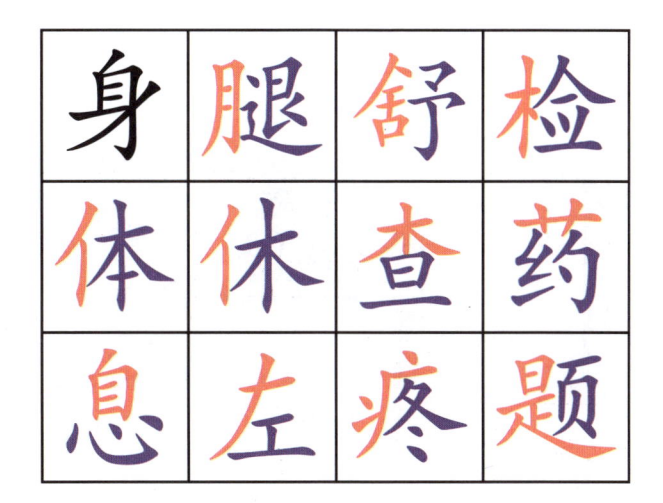

身	腿	舒	检
体	休	查	药
息	左	疼	题

2. Examples of components

部件 bù jiàn	甲骨文 jiǎ gǔ wén	金文 jīn wén	小篆 xiǎo zhuàn	楷书 kǎi shū	组字 zǔ zì
疒	𤕫		疒	疒	疼
金			金	金(釒)	检
本		本	本	本	体
是		是	是	是	题

177

32 医生，我牙疼
yī shēng, wǒ yá téng

Look and say

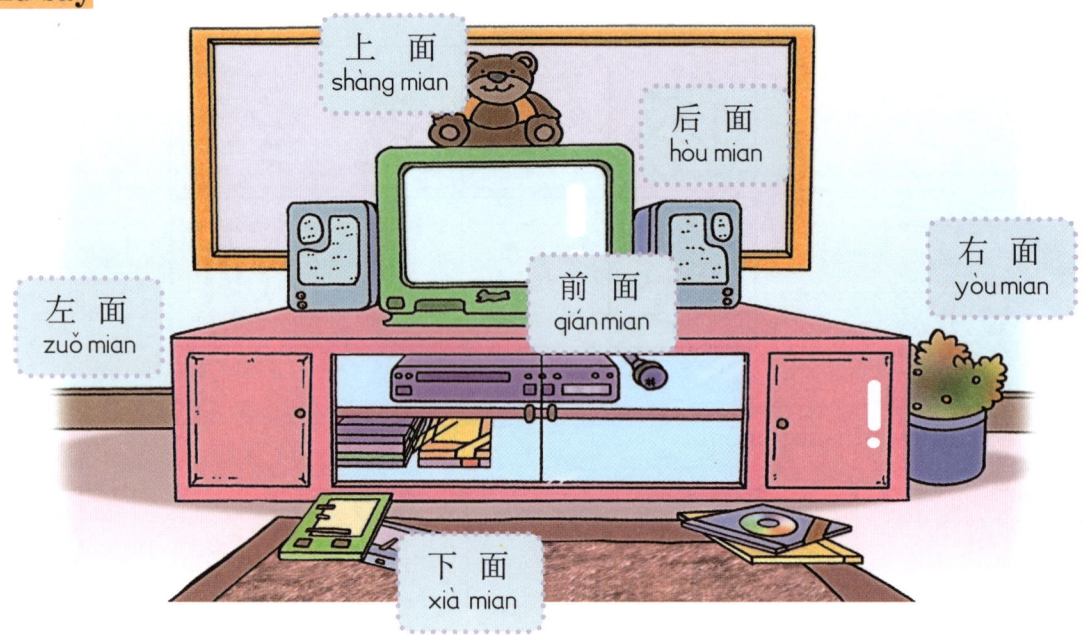

上面 shàngmian
后面 hòumian
左面 zuǒmian
前面 qiánmian
右面 yòumian
下面 xiàmian

New words

1. 牙 yá (n.) tooth
2. 颗 kē (m.) a measure word ①
3. 上面 shàngmian (n.) upper part
4. 下面 xiàmian (n.) lower part
5. 右边 yòubian (n.) right
6. 第 dì a prefix ②
7. 糟糕 zāogāo (adj.) terrible; too bad
8. 糖 táng (n.) candy
9. 特别 tèbié (adv.) specially
10. 巧克力 qiǎokèlì (n.) chocolate
11. 以后 yǐhòu (n.) afterwards; after; later
12. 应该 yīnggāi (v.) should
13. 少 shǎo (adj.) few; little

① Used for grains and grain-like things.
② Indicating ordinal numbers.

Jack is talking with his dentist.

杰克：医生，我牙疼！
jié kè　yī shēng　wǒ yá téng

医生：哪一颗牙，上面的还是下面的?
yī shēng　nǎ yì kē yá　shàng mian de hái shi xià mian de

杰克：下面的。
jié kè　xià mian de

医生：左边还是右边?
yī shēng　zuǒ bian hái shi yòu bian

杰克：右边第三颗。
jié kè　yòu bian dì sān kē

医生：你的牙很糟糕。你是不是喜欢吃糖?
yī shēng　nǐ de yá hěn zāo gāo　nǐ shì bu shi xǐ huan chī táng

杰克：对，我特别喜欢吃巧克力。
jié kè　duì　wǒ tè bié xǐ huan chī qiǎo kè lì

医生：以后应该少吃。
yī shēng　yǐ hòu yīng gāi shǎo chī

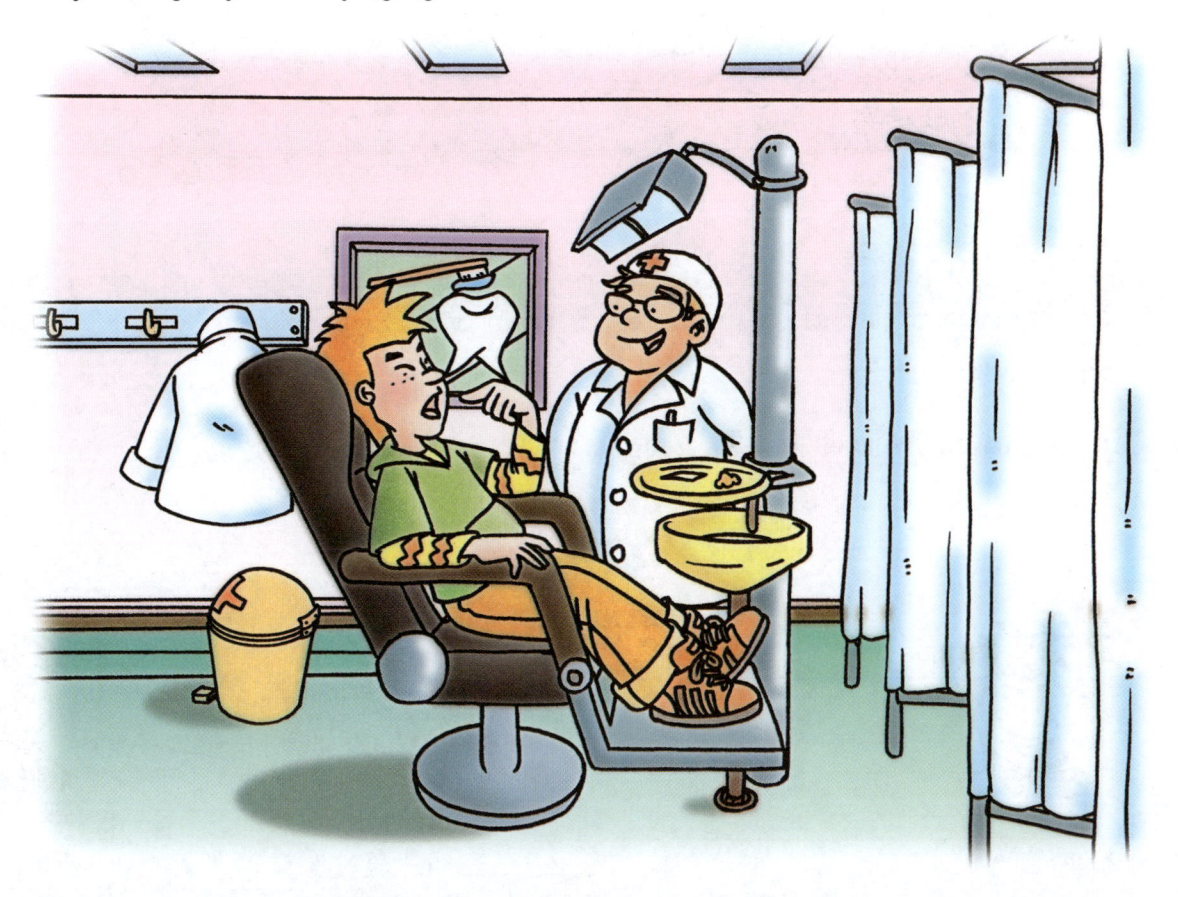

179

Act it out

上——上，下——下，
shàng shàng xià xià

左——左，右——右，
zuǒ zuǒ yòu yòu

前——前，后——后，
qián qián hòu hòu

我 们 都 是 好 朋 友。
wǒ men dōu shì hǎo péng you

Read and match

| 第二个 | 第五个 | 第一个 | 第四个 | 第七个 | 第三个 | 第六个 |
| dì èr ge | dì wǔ ge | dì yī ge | dì sì ge | dì qī ge | dì sān ge | dì liù ge |

On your own: What do they like to do?

Tāmen xǐhuan gàn shénme?

他 喜欢 吃 巧 克 力。
tā xǐ huan chī qiǎo kè lì

打 篮 球
dǎ lán qiú

开 车
kāi chē

看 电 影
kàn diàn yǐng

Interview your partners

1. 你 喜 欢 干 什 么?
   nǐ xǐ huan gàn shén me

2. 你 的 朋 友 们 喜 欢 干 什 么?
   nǐ de péng you men xǐ huan gàn shén me

Class activity

Find out how many of your classmates have had a toothache. Discuss why they might have gotten a toothache and come up with suggestions on how they might avoid them in the future.

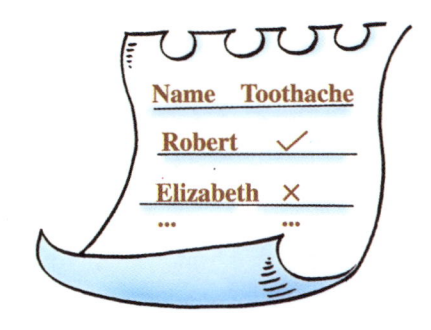

Phonetics

1. Listen to the recording, and then answer the following questions.

    (1) What's wrong with the girl?
    (2) Which of her teeth is aching?
    (3) Does she have any other problems?

2. Read aloud the following riddle and make a guess.

   远 看 山 有 色,
   yuǎn kàn shān yǒu sè

   近 听 水 无 声。
   jìn tīng shuǐ wú shēng

   春 去 花 还 在,
   chūn qù huā hái zài

   人 来 鸟 不 惊。
   rén lái niǎo bù jīng

   Being looked at from the distance the mountain is colored.
   The water runs in silence however close you're to it for a listening.
   The flowers are still in blossoms even when spring has gone.
   The birds won't flow away when you're coming.

181

Learn to write

1. Structure of Chinese characters

牙	力	颗	糟	特	巧
该	第	右	边	应	

2. Examples of components

部件 bù jiàn	甲骨文 jiǎ gǔ wén	金文 jīn wén	小篆 xiǎo zhuàn	楷书 kǎi shū	组字 zǔ zi
果	✦	果	果	果	颗
寺		丵	寺	寺	特
弔				弔	第
曹	𣍘	𣍘	𣍘	曹	糟

33 你会游泳吗
nǐ huì yóu yǒng ma

Look and say

玩滑板 wán huá bǎn

跑步 pǎo bù

游泳 yóu yǒng

滑冰 huá bīng

打球 dǎ qiú

New words

1. 经常　jīngcháng　(adv.)　　often
2. 锻炼　duànliàn　(v.)　　do exercises
3. 运动　yùndòng　(n.)　　sports
4. 跑步　pǎobù　(v.)　　run; jog
5. 游泳　yóuyǒng　(v.)　　swim
6. 会　　huì　(v.)　　can
7. 要是　yàoshi　(conj.)　if
8. 时间　shíjiān　(n.)　　time
9. 教　　jiāo　(v.)　　teach

Mary and Wang Jiaming are talking about exercising.

玛丽：家明，你经常锻炼身体吗？
mǎ lì　jiā míng　nǐ jīng cháng duàn liàn shēn tǐ ma

家明：不经常锻炼。
jiā míng　bù jīng cháng duàn liàn

玛丽：你喜欢什么运动？
mǎ lì　nǐ xǐ huan shén me yùn dòng

家明：我喜欢跑步。你呢？
jiā míng　wǒ xǐ huan pǎo bù　nǐ ne

玛丽：我喜欢游泳。你会游泳吗？
mǎ lì　wǒ xǐ huan yóu yǒng　nǐ huì yóu yǒng ma

家明：我不会。要是有时间，你教我吧！
jiā míng　wǒ bú huì　yào shi yǒu shí jiān　nǐ jiāo wǒ ba

Answer the following questions according to the text.

1. 王家明经常锻炼身体吗?
   wáng jiā míng jīng cháng duàn liàn shēn tǐ ma

2. 玛丽喜欢什么运动?
   mǎ lì xǐ huan shén me yùn dòng

3. 王家明喜欢什么运动?
   wáng jiā míng xǐ huan shén me yùn dòng

4. 谁会游泳?
   shuí huì yóu yǒng

On your own: Make sentences according to the given words and pictures.

1. What do they usually do?

他经常锻炼身体。
tā jīng cháng duàn liàn shēn tǐ

Matthew — 看电影 kàn diàn yǐng

Emma — 买东西 mǎi dōng xi

Mary — 吃比萨饼 chī bǐ sà bǐng

2. What can they do?

他会打乒乓球。
tā huì dǎ pīng pāng qiú

Jessica — 游泳 yóu yǒng

Sarah — 打网球 dǎ wǎng qiú

Robert — 开车 kāi chē

Conversation practice: Substitute the alternate words to make a new dialogue.

A: 你 会 游泳 吗?
　　nǐ　hui　yóu yǒng　ma

B: 会 啊, 我 很 喜 欢 游 泳。
　　huì　a　wǒ　hěn　xǐ　huan　yóu yǒng

A: 要 是 有 时 间, 你 教 我 游 泳 吧!
　　yào　shi　yǒu　shí　jiān　nǐ　jiāo　wǒ　yóu yǒng　ba

B: 好, 没 问 题!
　　hǎo　méi　wèn　tí

1. 开 车　kāi chē	2. 打 网 球　dǎ wǎng qiú
3. 滑 雪　huá xuě	4. 弹 吉 他　tán jí tā

Class activity

Interview your classmates and find out what their favorite sports are and how often they play them. Vote for the most popular sports and the sports star in your class.

Name	Favorite sports	Frequency
Diane	游泳	一周两次
Peter	滑板	一天一次
...	...	...

Phonetics

1. Listen to the recording, and then answer the following questions.

    (1) Does the girl often do exercises?

    (2) What is the girl's favorite sport?

    (3) Can she play basketball?

2. Read aloud the following Chinese ancient poem.

清　明　时　节　雨　纷　纷,
qīng　míng　shí　jié　yǔ　fēn　fēn

路　上　行　人　欲　断　魂。
lù　shang　xíng　rén　yù　duàn　hún

借　问　酒　家　何　处　有,
jiè　wèn　jiǔ　jiā　hé　chù　yǒu

牧　童　遥　指　杏　花　村。
mù　tóng　yáo　zhǐ　xìng　huā　cūn

The day of mourning for the dead it's raining hard.
My heart is broken on my way to the graveyard.
Where can I find a wineshop to drown my sad hours?
A herdboy points to a cottage amid apricot flowers.

186

Learn to write

1. Structure of Chinese characters

经	锻	炼	动	跑
泳	教	游	步	会

2. Examples of components

部件 bù jiàn	甲骨文 jiǎ gǔ wén	金文 jīn wén	小篆 xiǎo zhuàn	楷书 kǎi shū	组字 zǔ zì
巠		巠	巠	巠(坙)	经
云				云	运动
止	止	止	止	止	步
孝	孝	孝	孝	孝	教

34 去游泳池怎么走
qù yóu yǒng chí zěn me zǒu

Look and say

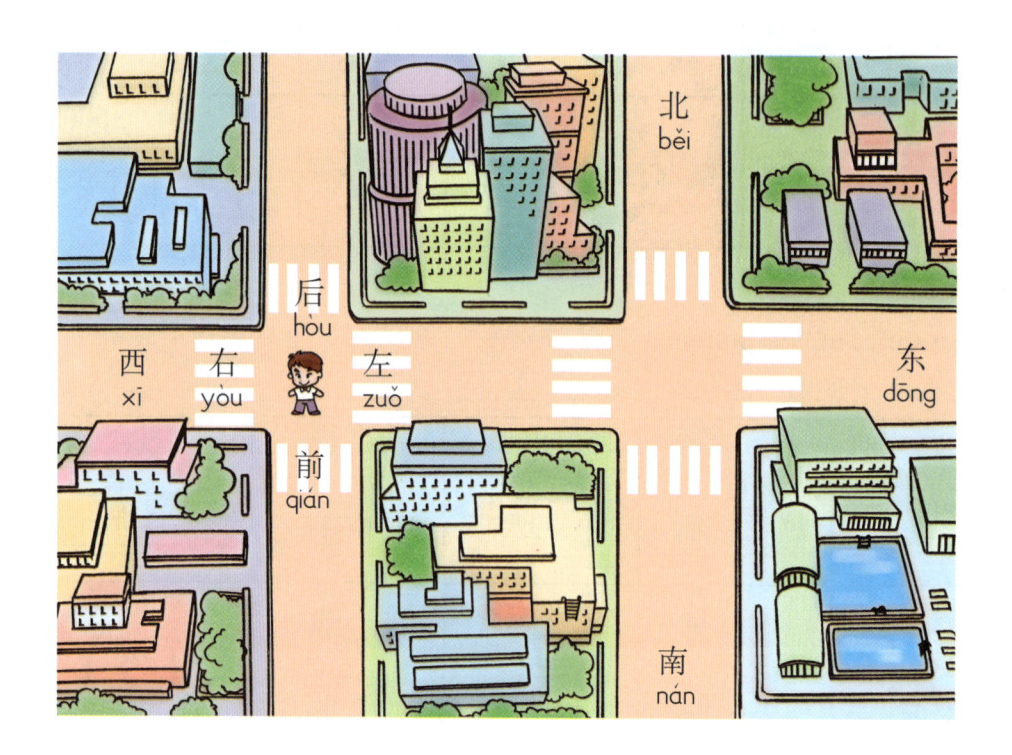

北 běi
后 hòu
西 xī 右 yòu 左 zuǒ 东 dōng
前 qián
南 nán

New words

1. 别   bié   (adv.)   don't
2. 担心   dānxīn   (v.)   worry
3. 教练   jiàoliàn (n.)   coach; instructor
4. 游泳池 yóuyǒngchí (n.)   swimming pool
5. 怎么   zěnme   (pron.)   how
6. 走   zǒu   (v.)   walk; get (to)
7. 向   xiàng   (prep.)   to; towards
8. 东   dōng   (n.)   east
9. 路口   lùkǒu   (n.)   crossing; junction; intersection
10. 右   yòu   (n.)   right
11. 拐   guǎi   (v.)   turn; change direction
12. 等   děng   (v.)   wait (for)

David is calling Wang Jiaming. They are going to swim.

大卫：喂，我是大卫。我找王家明。
dà wèi wèi wǒ shì dà wèi wǒ zhǎo wáng jiā míng

家明：我是王家明。大卫，你好，什么事？
jiā míng wǒ shì wáng jiā míng dà wèi nǐ hǎo shén me shì

大卫：你去不去游泳？
dà wèi nǐ qù bu qù yóu yǒng

家明：我不会游泳。
jiā míng wǒ bú huì yóu yǒng

大卫：别担心，那里有教练。
dà wèi bié dān xīn nà li yǒu jiào liàn

家明：好，我去。去游泳池怎么走？
jiā míng hǎo wǒ qù qù yóu yǒng chí zěn me zǒu

大卫：从你家向东走，到第二个路口向右拐。
dà wèi cóng nǐ jiā xiàng dōng zǒu dào dì èr ge lù kǒu xiàng yòu guǎi

　　　我在那儿等你。
　　　wǒ zài nàr děng nǐ

189

On your own

1. What are they doing?

他 们 在 干 什 么?
tā men zài gàn shén me

他 们 在 游 泳 池 游 泳。
tā men zài yóu yǒng chí yóu yǒng

她 们 饭 馆
tā men fàn guǎn

吃 比 萨 饼
chī bǐ sà bǐng

他 们 电 影 院
tā men diàn yǐng yuàn

看 电 影
kàn diàn yǐng

2. Make conversations according to the given words.

A: 今 天 有 雨。
jīn tiān yǒu yǔ

B: 别 担 心!
bié dān xīn

我 有 雨 伞。
wǒ yǒu yǔ sǎn

1. 不 会 游 泳
bú huì yóu yǒng

我 可 以 教 你
wǒ kě yǐ jiāo nǐ

2. 我 不 喜 欢 吃 比 萨 饼
wǒ bù xǐ huan chī bǐ sà bǐng

那 儿 还 有 饺 子
nàr hái yǒu jiǎo zi

Conversation practice

Now suppose you are on the eastside of Cypress Street and someone wants to go to the following places. Please tell him/her how to get there.

1. 比 萨 饼 店
   bǐ sà bǐng diàn

2. 医 院
   yī yuàn

3. 电 影 院
   diàn yǐng yuàn

Example

A: 请 问, 去 游 泳 池 怎 么 走?
qǐng wèn qù yóu yǒng chí zěn me zǒu

B: 向 东 走, 到 第 二 个 路 口
xiàng dōng zǒu dào dì èr ge lù kǒu

向 右 拐。
xiàng yòu guǎi

A: 谢 谢 您!
xiè xie nín

B: 别 客 气!
bié kè qi

Class activity: Crazy sentences.

Every student makes up three different cards. The first will contain their names, the second will contain the names of places and the third will contain the things they are going to do. The teacher will keep these cards in three separate piles and ask each student to come and randomly choose one card from each pile and make a sentence.

王家明

在游泳池里

吃比萨饼

Phonetics

1. Listen to the recording, and then answer the following questions.

    (1) Can the girl swim?

    (2) Is the girl afraid of swimming?

    (3) Is the swimming pool to the south or the north of the school?

    (4) How to get to the swimming pool from the school?

    (5) Will Tom go swimming?

2. Read aloud the following riddle and make a guess.

一 只 蝴 蝶 轻 轻 飘，
yì zhī hú dié qīng qīng piāo

顺 风 直 上 九 重 霄。
shùn fēng zhí shàng jiǔ chóng xiāo

要 知 蝴 蝶 从 哪 来，
yào zhī hú dié cóng nǎ lái

顺 着 线 儿 往 下 找。
shùn zhe xiàn er wǎng xià zhǎo

A butterfly is fluttering briskly.
High beyond the highest sky.
If you want to know where it's from,
you can get the answer along the thread to which it's tied.

Learn to write

1. Structure of Chinese characters

| 心 | 担 | 教 | 练 | 池 | 路 |
| 拐 | 怎 | 走 | 等 | 向 | |

2. Examples of components

部件 bù jiàn	甲骨文 jiǎ gǔ wén	金文 jīn wén	小篆 xiǎo zhuàn	楷书 kǎi shū	组字 zǔ zì
旦	☉	☉	旦	旦	担
各				各	路
东				东(東)	练

193

35 你去哪儿度暑假
nǐ qù nǎr dù shǔ jià

Look and say

山区
shān qū

爬山
pá shān

海边
hǎi biān

游泳
yóu yǒng

New words

1. 度	dù	(v.)	spend (holidays)
2. 暑假	shǔjià	(n.)	summer vacation
3. 山区	shānqū	(n.)	mountainous area; mountains
4. 海边	hǎi biān		seaside; beach
5. 爬	pá	(v.)	climb
6. 山	shān	(n.)	mountain; hill
7. 西部	xībù	(n.)	west
8. 凉快	liángkuai	(adj.)	cool

David, Wang Jiaming, Jack and Mary are talking about where to spend their summer vacation.

大卫：家明，你去哪儿度暑假？

家明：我去山区度暑假。你去不去？

大卫：我不去，我去海边游泳。

杰克：我喜欢爬山，我和你一起去山区。玛丽，你去哪儿？

玛丽：我去西部海边，那里很凉快，还可以游泳。

Answer the following questions.

1. 王家明打算去度暑假吗?
   wáng jiā míng dǎ suàn qù dù shǔ jià ma
2. 他打算去哪儿度假?
   tā dǎ suàn qù nǎr dù jià
3. 杰克打算去哪儿度暑假? 为什么?
   jié kè dǎ suàn qù nǎr dù shǔ jià wèi shén me
4. 玛丽打算去哪儿度暑假? 为什么?
   mǎ lì dǎ suàn qù nǎr dù shǔ jià wèi shén me

Match the following places with the sports.

huáxuě

yóuyǒng

山区
shān qū

海边
hǎi biān

fānbǎn

shātān páiqiú

pá shān

An awful summer vacation

家明:
jiā míng

你好!
nǐ hǎo

你在山区度暑假吗? 我和大卫在西部海边度暑
nǐ zài shān qū dù shǔ jià ma wǒ hé dà wèi zài xī bù hǎi biān dù shǔ

假。海边很漂亮,可是我很不高兴,因为最近经
jià hǎi biān hěn piào liang kě shì wǒ hěn bù gāo xìng yīn wèi zuì jìn jīng

常下雨。山区怎么样? 凉快吗?
cháng xià yǔ shān qū zěn me yàng liáng kuai ma

祝你暑假快乐!
zhù nǐ shǔ jià kuài le

你的好朋友: 玛丽
nǐ de hǎo péng you mǎ lì

Class activity

Find out how your classmates usually spend their holidays and work out a plan of how you are going to spend your summer vacation.

Phonetics

1. **Listen to the recording, and then answer the following questions.**

    (1) Where is Mary going to spend her summer vacation? Why?

    (2) Where is Mrs. Lin going to spend her vacation? Why?

    (3) Where is David going to spend his vacation? Why?

2. **Read aloud the following limerick.**

柜 里 有 个 盘 儿,
guì lǐ yǒu ge pánr

盘 儿 里 有 个 碗 儿,
pánr lǐ yǒu ge wǎnr

碗 儿 里 有 个 勺 儿,
wǎnr lǐ yǒu ge sháor

勺 儿 里 有 个 豆 儿,
sháor lǐ yǒu ge dòur

小 孩 儿 爱 吃 豆 儿。
xiǎo háir ài chī dòur

There's a plate in the cabinet,
A bowl in the plate,
A spoon in the bowl,
A bean in the spoon.
Kids like beans.

Learn to write

1. Structure of Chinese characters

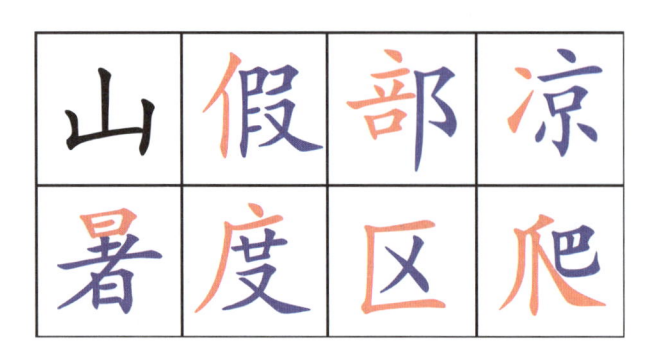

山	假	部	凉
暑	度	区	爬

2. Examples of components

部件 bù jiàn	甲骨文 jiǎ gǔ wén	金文 jīn wén	小篆 xiǎo zhuàn	楷书 kǎi shū	组字 zǔ zì
者		者	者	者	暑
爪	爪	爪	爪	爪	爬
京	京	京	京	京	凉

198

36 运动场上有很多人
yùn dòng chǎng shang yǒu hěn duō rén

Look and say

比赛
bǐ sài

运动员
yùn dòng yuán

拉拉队员
lā lā duì yuán

New words

1. 学校	xuéxiào	(n.)	school
2. 举行	jǔxíng	(v.)	hold (a meeting, ceremony, etc.)
3. 运动会	yùndònghuì	(n.)	sports meet
4. 运动场	yùndòngchǎng	(n.)	sports ground; playground
5. 有的	yǒude	(pron.)	some
6. 参加	cānjiā	(v.)	take part in; participate in
7. 棒球	bàngqiú	(n.)	baseball
8. 赛	sài	(n.)	match; contest; competition
9. 网球	wǎngqiú	(n.)	tennis
10. 运动员	yùndòngyuán	(n.)	sportsman; sportswoman; athlete; player
11. 每次	měi cì		every time
12. 比赛	bǐsài	(n.)	match; contest; competition
13. 得	dé	(v.)	get; gain; win
14. 拉拉队	lālāduì	(n.)	cheering squad
15. 送	sòng	(v.)	send; deliver

An excerpt from Wang Jiaming's diary.

Diary

今天学校举行运动会。运动场上有很多人，有的参加棒球赛，有的参加网球赛。杰克是棒球运动员，每次比赛他都参加。大卫是网球运动员，他经常得第一。玛丽参加拉拉队，我给大家送饮料。我喜欢我们学校和我的同学。

Jīntiān xuéxiào jǔxíng yùndònghuì. Yùndòngchǎng shang yǒu hěn duō rén, yǒude cānjiā bàngqiú sài, yǒude cānjiā wǎngqiú sài. Jiékè shì bàngqiú yùndòngyuán, měi cì bǐsài tā dōu cānjiā. Dàwèi shì wǎngqiú yùndòngyuán, tā jīngcháng dé dì-yī. Mǎlì cānjiā lālāduì, wǒ gěi dàjiā sòng yǐnliào. Wǒ xǐhuan wǒmen xuéxiào hé wǒ de tóngxué.

Are there a lot of people here?

学校里有很多人
xué xiào li yǒu hěn duō rén

比萨饼店
bǐ sà bǐng diàn

海边
hǎi biān

On your own: Make conversations according to the given words.

学校里有很多人，有的上课，有的参加运动会。
xué xiào li yǒu hěn duō rén, yǒu de shàng kè, yǒu de cān jiā yùn dòng huì

1. 运动场上
   yùn dòng chǎng shang
   参加比赛
   cān jiā bǐ sài
   参加拉拉队
   cān jiā lā lā duì

2. 海边
   hǎi biān
   游泳
   yóu yǒng
   休息
   xiū xi

Give your own answers to the questions.

1. 你们学校经常举办体育比赛吗?
   nǐ men xué xiào jīng cháng jǔ bàn tǐ yù bǐ sài ma

2. 你喜欢什么体育比赛?
   nǐ xǐ huan shén me tǐ yù bǐ sài

3. 举办体育比赛的时候,你干什么?
   jǔ bàn tǐ yù bǐ sài de shí hou nǐ gàn shén me

4. 你们学校有拉拉队吗?有几个?他们参加什么比赛?
   nǐ men xué xiào yǒu lā lā duì ma yǒu jǐ ge tā men cān jiā shén me bǐ sài

Class activity: Chinese competition in the Forbidden City.

This will test how many Chinese characters you recognize after one year's study. See the appendix I for further details on how to play this game.

Phonetics

1. Listen to the recording, and then answer the following questions.

(1) When is the school's sports meet going to be held?

(2) What match does the first boy take part in?

(3) What match does the second boy take part in?

(4) What match does Mary take part in?

(5) Does the boy, the last speaker, take part in any matches?

201

2. Read aloud the following children's song.

门 前 一 棵 葡 萄 树，
mén qián yī kē pú táo shù

嫩 嫩 绿 绿 刚 发 芽。
nèn nèn lǜ lǜ gāng fā yá

蜗 牛 背 着 重 重 的 壳，
wō niú bèi zhe zhòng zhòng de ké

一 步 一 步 往 上 爬。
yí bù yí bù wǎng shàng pá

树 上 两 只 黄 鹂 鸟，
shù shang liǎng zhī huáng lí niǎo

嘻 嘻 哈 哈 在 笑 它，
xī xī hā hā zài xiào tā

葡 萄 成 熟 还 早 得 很，
pú táo chéng shú hái zǎo de hěn

现 在 上 来 干 什 么？
xiàn zài shàng lái gàn shén me

黄 鹂 黄 鹂 不 要 笑，
huáng lí huáng lí bú yào xiào

等 我 爬 上 它 就 成 熟 了。
děng wǒ pá shàng tā jiù chéng shú le

> There is grape trellis in the yard. Sprouts have just come out, so green and tender. A snail is climbing up the trellis with her heavy shell in a great labor. Two orioles in the tree are laughing at her, "The grapes are far from being ripe. What're you climbing up for?" "Don't mock at me. They'll be ripe when I get there."

Can you sing it?

蜗牛与黄鹂鸟
wō niú yǔ huáng lí niǎo

陈弘文 词
林建昌 曲

阿门阿前一棵葡萄树, 阿嫩阿嫩绿它刚发芽。

蜗牛背着那重重的壳呀, 一步一步地往上爬。

阿树阿上两只黄鹂鸟, 阿嘻阿嘻哈哈在笑它,

葡萄成熟还早得很哪, 现在上来干什么?

阿黄阿黄鹂儿不要笑,等我爬上它就成熟了。

Learn to write

1. Structure of Chinese characters

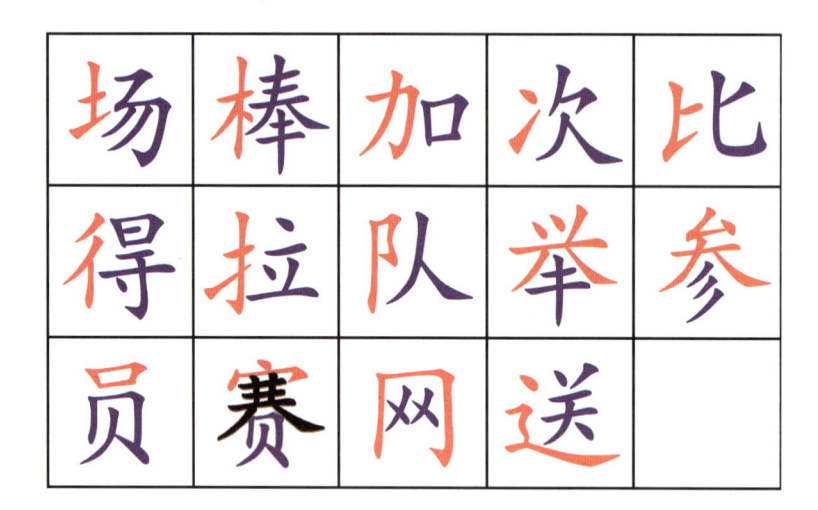

场	棒	加	次	比
得	拉	队	举	参
员	赛	网	送	

2. Examples of components

部件 bù jiàn	甲骨文 jiǎ gǔ wén	金文 jīn wén	小篆 xiǎo zhuàn	楷书 kǎi shū	组字 zǔ zì
贝			贝	贝(貝)	赛
奉				奉	棒

204

Unit Summary

Functional Usage

1. Inquiring one's physical conditions

你 哪 儿 疼?
nǐ nǎr téng

我 左 腿 疼。
wǒ zuǒ tuǐ téng

2. Inquring about the exact location

上 面 还 是 下 面?
shàng mian hái shi xià mian

左 边 还 是 右 边?
zuǒ bian hái shi yòu bian

3. How to say ordinal number

右 边 第 三 颗。
yòu bian dì sān kē

4. Inquring about and offering one's favorite sports

你 喜 欢 什 么 运 动?
nǐ xǐ huan shén me yùn dòng

我 喜 欢 跑 步。
wǒ xǐ huan pǎo bù

5. Asking for directions

去 游 泳 池 怎 么 走?
qù yóu yǒng chí zěn me zǒu

6. Inquiring about and explaining one's holiday plan

你 去 哪 儿 度 暑 假?
nǐ qù nǎr dù shǔ jià

我 去 山 区 度 暑 假。
wǒ qù shān qū dù shǔ jià

7. Describing the process and scene of an activity

运 动 场 上 有 很 多 人, 有 的 参 加 棒 球 赛,
yùn dòng chǎng shang yǒu hěn duō rén yǒu de cān jiā bàng qiú sài

有 的 参 加 网 球 赛。
yǒu de cān jiā wǎng qiú sài

GRAMMAR FOCUS

Sentence pattern   *Example*

1. 我 左 腿 疼。
   wǒ zuǒ tuǐ téng

2. 有点儿……   我 的 头 有 点 儿 疼。
   yǒu diǎnr   wǒ de tóu yǒu diǎnr téng

3. 会……   你 会 游 泳 吗?
   huì   nǐ huì yóu yǒng ma

4. 要是……   要 是 有 时 间, 你 教 我 好 吗?
   yào shi   yào shi yǒu shí jiān nǐ jiāo wǒ hǎo ma

5. 在……   我 在 那 儿 等 你。
   zài   wǒ zài nàr děng nǐ

6. 去……(V)   我 去 海 边 游 泳。
   qù   wǒ qù hǎi biān yóu yǒng

7. ……有……   操 场 上 有 很 多 人。
   yǒu   cāo chǎng shang yǒu hěn duō rén

206

Appendices

I Class Activity

1. Flying Chess of Chinese

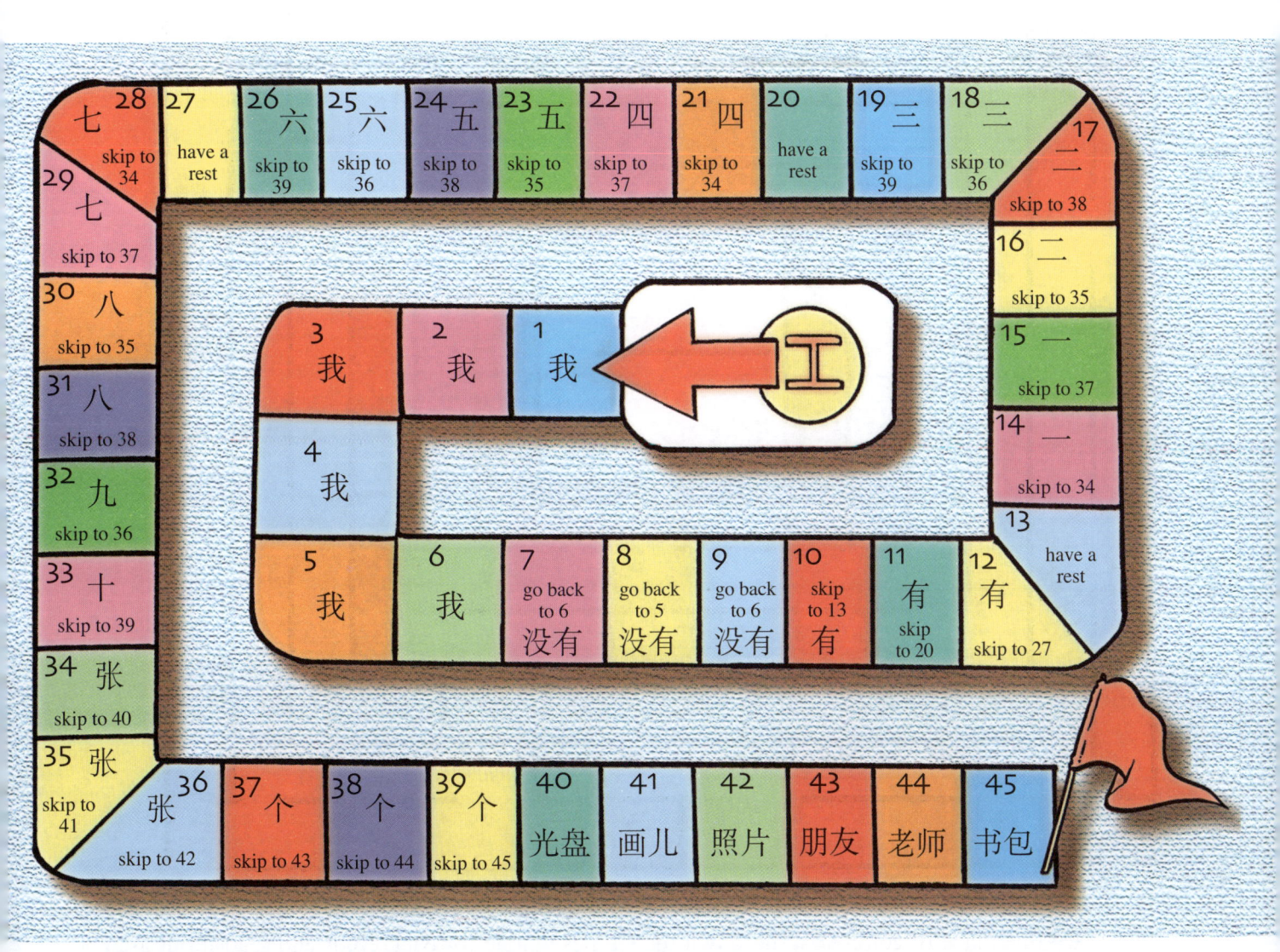

Divide the students into several groups, each of which contains 2-3 people. The students in the group will take turns to cast the dice, and then write down the sentence when they get a complete one. For example, "我有七个朋友。"

2. A Maze of Color

Please try this maze of color. ①Write down the Chinese name for each color and read it out after you have gone through the maze for the first time. ②Have a few more trials to see how many routes you can find.

3. Chinese Competition in the Forbidden City

Introductions

Now that over 300 Chinese words have been introduced after one year's study, we selected some of them and put them into the houses of the Forbidden City to see if you can recognize them and figure out their meanings.

The Forbidden City is located in the center of Beijing, and composed of 3 front halls, 3 back halls and an imperial garden. There are more than 9,000 houses in the City.

For the convenience of designing this game, we just drew an approximate layout of the 3 front halls of the City instead of the exact design of the whole. However, if you are interested in the Forbidden City, you may further read related materials or you may even pay a visit to Beijing to see it with your own eyes.

Instructions

First two people will cast dice. The one who has bigger number starts the game. The two people will enter the City from the two small gates respectively. During the whole game they will take turns to cast dice and find the corresponding house. The one who works out the pronunciation and meaning of the word in the house successfully will cast dice again; otherwise he / she will have to remain in the previous house and wait till the next turn. They will check each other's answers. The one who first reaches Hall I wins the game.

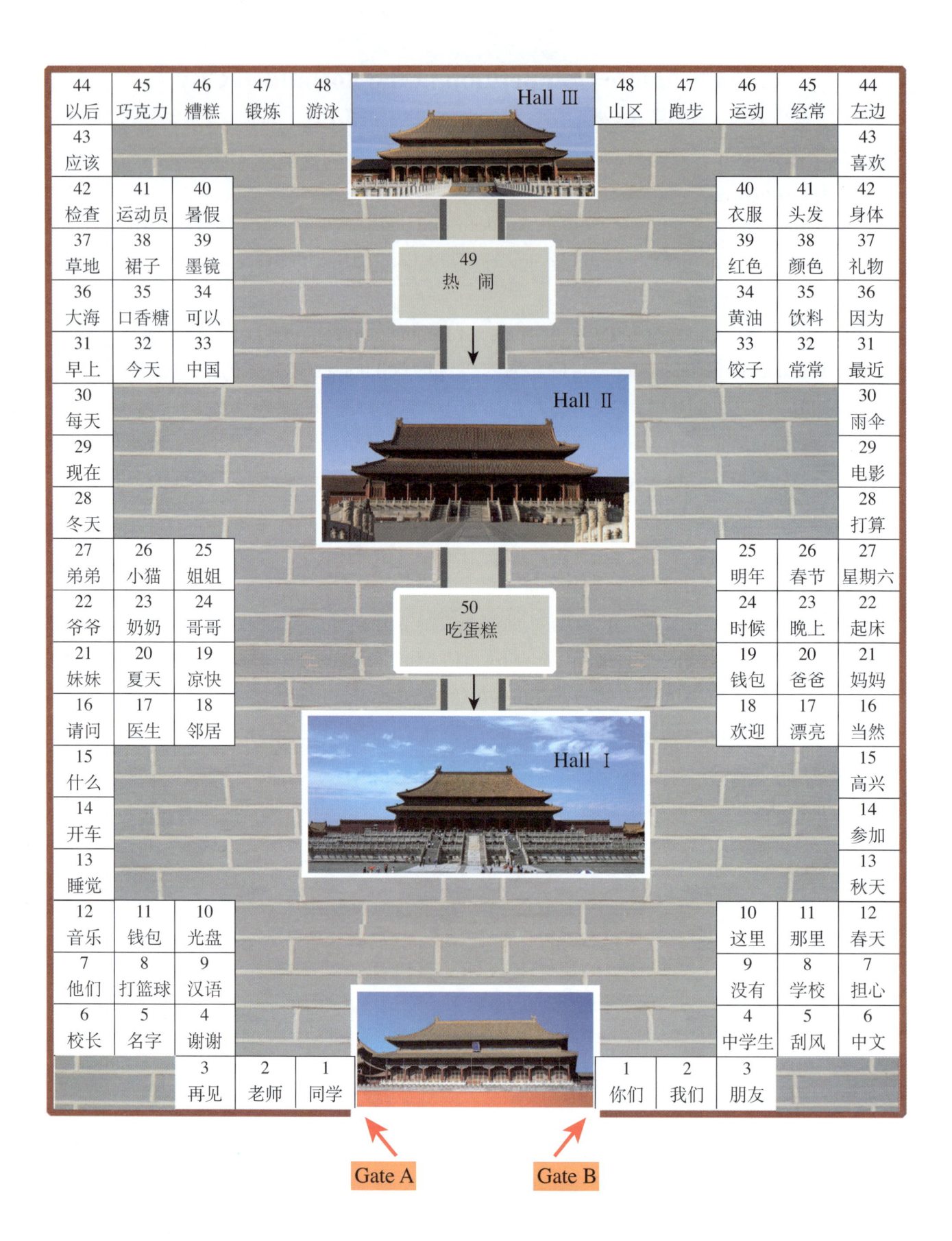

44	以后	45 巧克力	46 糟糕	47 锻炼	48 游泳	48 山区	47 跑步	46 运动	45 经常	44 左边

Hall III

43 应该									43 喜欢
42 检查	41 运动员	40 暑假			40 衣服	41 头发	42 身体
37 草地	38 裙子	39 墨镜			39 红色	38 颜色	37 礼物
36 大海	35 口香糖	34 可以			34 黄油	35 饮料	36 因为
31 早上	32 今天	33 中国			33 饺子	32 常常	31 最近

49 热闹

Hall II

30 每天			30 雨伞
29 现在			29 电影
28 冬天			28 打算
27 弟弟	26 小猫	25 姐姐	25 明年	26 春节	27 星期六
22 爷爷	23 奶奶	24 哥哥	24 时候	23 晚上	22 起床
21 妹妹	20 夏天	19 凉快	19 钱包	20 爸爸	21 妈妈
16 请问	17 医生	18 邻居	18 欢迎	17 漂亮	16 当然

50 吃蛋糕

Hall I

15 什么			15 高兴
14 开车			14 参加
13 睡觉			13 秋天
12 音乐	11 钱包	10 光盘	10 这里	11 那里	12 春天
7 他们	8 打篮球	9 汉语	9 没有	8 学校	7 担心
6 校长	5 名字	4 谢谢	4 中学生	5 刮风	6 中文
	3 再见	2 老师	1 同学	1 你们	2 我们	3 朋友

Gate A   Gate B

Keys for A's Questions

1. tóngxué	classmate		26. xiǎo māo	little cat
2. lǎoshī	teacher		27. dìdi	younger brother
3. zàijiàn	goodbye		28. dōngtiān	winter
4. xièxie	thank		29. xiànzài	now
5. míngzi	name		30. měi tiān	every day
6. xiàozhǎng	principal		31. zǎoshang	morning
7. tāmen	they; them		32. jīntiān	today
8. dǎ lánqiú	play basketball		33. Zhōngguó	China
9. Hànyǔ	Chinese		34. kěyǐ	may
10. guāngpán	disk; CD		35. kǒuxiāngtáng	chewing gum
11. qiánbāo	wallet; purse		36. dàhǎi	sea
12. yīnyuè	music		37. cǎodì	grassland
13. shuìjiào	sleep		38. qúnzi	dress; skirt
14. kāichē	drive		39. mòjìng	sunglasses
15. shénme	what		40. shǔjià	summer vacation
16. qǐngwèn	May I ask...?		41. yùndòngyuán	athlete
17. yīshēng	doctor		42. jiǎnchá	check
18. línjū	neighbor		43. yīnggāi	should
19. liángkuai	cool		44. yǐhòu	after
20. xiàtiān	summer		45. qiǎokèlì	chocolate
21. mèimei	younger sister		46. zāogāo	too bad
22. yéye	(paternal) grandfather		47. duànliàn	do exercises
23. nǎinai	(paternal) grandmother		48. yóuyǒng	swim
24. gēge	elder brother		49. rènao	busy; bustling
25. jiějie	elder sister		50. chī dàngāo	eat cake

Keys for B's Questions

1. nǐmen	you (plural)		26. Chūn Jié	the Spring Festival
2. wǒmen	we; us		27. xīngqīliù	Saturday
3. péngyou	friend		28. dǎsuàn	plan (to)
4. zhōngxuéshēng	high school student		29. diànyǐng	film
5. guā fēng	(of wind) blow		30. yǔsǎn	umbrella
6. Zhōngwén	Chinese		31. zuìjìn	recently
7. dānxīn	worry		32. chángcháng	often
8. xuéxiào	school		33. jiǎozi	dumpling
9. méiyǒu	not to have		34. huángyóu	butter
10. zhèli	here		35. yǐnliào	beverage
11. nàli	there		36. yīnwèi	because
12. chūntiān	spring		37. lǐwù	gift
13. qiūtiān	fall		38. yánsè	color
14. cānjiā	take part in		39. hóngsè	red
15. gāoxìng	happy		40. yīfu	clothes
16. dāngrán	of course		41. tóufa	hair
17. piàoliang	beautiful		42. shēntǐ	body
18. huānyíng	welcome		43. xǐhuan	like
19. qiánbāo	wallet; purse		44. zuǒbian	left
20. bàba	father		45. jīngcháng	often
21. māma	mother		46. yùndòng	sports
22. qǐchuáng	get up		47. pǎobù	run; jog
23. wǎnshang	night		48. shānqū	mountains
24. shíhou	time		49. rènao	busy; bustling
25. míngnián	next year		50. chī dàngāo	eat cake

II Vocabulary

Word	Pinyin	Part of Speech	Translation	Lesson
啊	a	part.	a particle word	8
爸爸	bàba	n.	dad;father	17
吧	ba	part.	a particle word	19
白色	báisè	n.	white	30
半	bàn	num.	half	19
棒球	bàngqiú	n.	baseball	36
包	bāo	m.	a measure word	27
比萨饼	bǐsàbǐng	n.	pizza	16
比赛	bǐsài	n.	match; contest; competition	36
别	bié	adv.	don't	34
别的	biéde	pron.	else; other; another	27
不错	búcuò	adj.	not bad	29
不客气	bú kèqi		You're welcome.	4
参加	cānjiā	v.	take part in; participate in	36
草地	cǎodì	n.	grassland	28
长	cháng	adj.	long	30
常常	chángcháng	adv.	often	24
车	chē	n.	car	30
车牌	chēpái	n.	licence plate	30
橙色	chéngsè	n.	orange	28
吃	chī	v.	eat	12
穿	chuān	v.	wear	29
春天	chūntiān	n.	spring	24
从	cóng	prep.	from	15
打	dǎ	v.	play	7
打算	dǎsuàn	v.	plan (to); be going to	22
大	dà	adj.	big	17

213

大海	dàhǎi	n.	sea; ocean	28
大家	dàjiā	pron.	all; everybody	12
带	dài	v.	take; bring; carry	23
戴	dài	v.	(of glasses, hats) wear	30
担心	dānxīn	v.	worry	34
蛋糕	dàngāo	n.	cake	12
当然	dāngrán	adv.	certainly; of course	13
到	dào	v.	arrive	16
得	dé	v.	get; gain; win	36
的	de	part.	a particle word	6
等	děng	v.	wait (for)	34
弟弟	dìdi	n.	younger brother	18
第	dì		a prefix	32
(一)点(儿)	(yì) diǎn(r)	m.	a little; a bit; some	25
点(钟)	diǎn (zhōng)	n.	o'clock	19
(商)店	(shāng) diàn	n.	(business)store; shop	16
电影	diànyǐng	n.	movie	22
东	dōng	n.	east	34
东西	dōngxi	n.	thing; stuff	26
冬天	dōngtiān	n.	winter	24
都	dōu	adv.	both; all	8
度	dù	v.	spend (holidays)	35
锻炼	duànliàn	v.	do exercises	33
对	duì	adj.	yes; that's right	10
多	duō	adj.	many; much	26
多大	duō dà		how old	13
多少	duōshao	pron.	how much; how many	10
法语	Fǎyǔ	n.	the French language	8
非常	fēicháng	adv.	very	24

份	fèn	m.	a set of	16
风	fēng	n.	wind	23
副	fù	m.	pair; set	30
干	gàn	v.	do	22
高兴	gāoxìng	adj.	happy; glad; cheerful	12
哥哥	gēge	n.	elder brother	17
个	gè	m.	a measure word	25
给	gěi	v.	give	10
跟	gēn	prep.	with	12
狗	gǒu	n.	dog	14
刮（风）	guā (fēng)	v.	(of wind) blow	23
拐	guǎi	v.	turn; change direction	34
光盘	guāngpán	n.	disk; CD	9
果酱	guǒjiàng	n.	jam	27
过年	guònián	v.	celebrate the New Year or the Spring Festival	26
还	hái	adv.	and; as well; also; too	17
还是	háishi	conj.	or	29
海边	hǎibiān		seaside; beach	35
汉语	Hànyǔ	n.	the Chinese language	8
好	hǎo	adj.	good	1
好	hǎo	adj.	OK; all right	16
号	hào	n.	number in a series	16
号	hào	n.	date	21
号码	hàomǎ	n.	number	30
喝	hē	v.	drink	25
和	hé	conj.	and	11
盒	hé	m.	box	27
黑色	hēisè	n.	black	29

215

很	hěn	adv.	very	12
红色	hóngsè	n.	red	28
后天	hòutiān	n.	the day after tomorrow	26
欢迎	huānyíng	v.	welcome	15
黄色	huángsè	n.	yellow	30
黄油	huángyóu	n.	butter	27
会	huì	v.	can	33
鸡蛋	jīdàn	n.	egg	25
几	jǐ	pron.	how many	9
家	jiā	n.	home	15
检查	jiǎnchá	v.	examine; check	31
件	jiàn	m.	piece	29
教	jiāo	v.	teach	33
饺子	jiǎozi	n.	dumpling	25
叫	jiào	v.	call; name	1
教练	jiàoliàn	n.	coach; instructor	34
节日	jiérì	n.	holiday; festival	24
姐姐	jiějie	n.	elder sister	17
今天	jīntiān	n.	today	12
经常	jīngcháng	adv.	often	33
举行	jǔxíng	v.	hold (a meeting, ceremony, etc.)	36
觉得	juéde	v.	think; feel	24
开车	kāichē	v.	drive	13
看	kàn	v.	see; look at; watch	22
颗	kē	m.	a measure word	32
可能	kěnéng	adv.	maybe; perhaps	23
可是	kěshì	conj.	but; however	18
可以	kěyǐ	v.	can; may	22
刻（钟）	kè (zhōng)	n.	a quarter of an hour	20

216

口	kǒu	m.	a measure word	17
口香糖	kǒuxiāngtáng	n.	chewing gum	27
块	kuài	m.	lump; piece	27
快乐	kuàilè	adj.	happy; joyous	11
拉拉队	lālāduì	n.	cheering squad	36
来	lái	v.	come	15
蓝色	lánsè	n.	blue	28
篮球	lánqiú	n.	basketball	7
老师	lǎoshī	n.	teacher	2
冷	lěng	adj.	cold	24
礼物	lǐwù	n.	present; gift	26
里	lǐ	n.	in; inside	10
凉快	liángkuai	adj.	cool	35
两	liǎng	num.	two	14
辆	liàng	m.	a measure word	30
邻居	línjū	n.	neighbor	18
路口	lùkǒu	n.	crossing; junction; intersection	34
绿色	lǜsè	n.	green	28
妈妈	māma	n.	mom; mother	17
马上	mǎshàng	adv.	right away	16
吗	ma	part.	a particle word	5
买	mǎi	v.	buy	26
忙	máng	adj.	busy	24
猫	māo	n.	cat	17
没有	méiyǒu	v.	not to have; don't have	9
每次	měi cì		every time	36
每天	měi tiān		every day	20
妹妹	mèimei	n.	younger sister	18
们	men		a suffix	2

面包	miànbāo	n.	bread	27
名字	míngzi	n.	name	4
明亮	míngliàng	adj.	bright	28
明年	míngnián	n.	next year	21
明天	míngtiān	n.	tomorrow	21
墨镜	mòjìng	n.	dark glasses; sunglasses	30
哪	nǎ	pron.	which	21
哪儿	nǎr	pron.	where	23
哪里	nǎli	pron.	where	11
那	nà	pron.	that	10
奶奶	nǎinai	n.	(paternal) grandmother	18
男	nán	adj.	man	30
呢	ne	part.	a particle word	15
你	nǐ	pron.	you	1
你们	nǐmen	pron.	you (plural)	3
年货	niánhuò	n.	special purchases for the Spring Festival	26
您	nín	pron.	polite form of "you" (singular)	11
牛奶	niúnǎi	n.	milk	27
爬	pá	v.	climb	35
跑步	pǎobù	v.	run; jog	33
配	pèi	v.	match; go well with	29
朋友	péngyou	n.	friend	6
漂亮	piàoliang	adj.	pretty	14
瓶	píng	m.	bottle	27
起床	qǐchuáng	v.	get up	19
钱	qián	n.	money	10
钱包	qiánbāo	n.	wallet; purse	10
巧克力	qiǎokèlì	n.	chocolate	32

请问	qǐngwèn	v.	May I ask...?	16
秋天	qiūtiān	n.	fall	24
去	qù	v.	go	19
去年	qùnián	n.	last year	26
裙子	qúnzi	n.	dress; skirt	29
热	rè	adj.	hot	24
热闹	rènao	adj.	busy; bustling	26
人	rén	n.	person; people	17
如果	rúguǒ	conj.	if	29
赛	sài	n.	match; contest; competition	36
山	shān	n.	mountain; hill	35
山区	shānqū	n.	mountainous area; mountains	35
上面	shàngmian	n.	upper part	32
少	shǎo	adj.	few; little	32
身体	shēntǐ	n.	health; body	31
生日	shēngri	n.	birthday	11
什么	shénme	pron.	what	4
时候	shíhou	n.	time; moment	20
时间	shíjiān	n.	time	33
事	shì	n.	matter; affair; thing; business	19
是	shì	v.	be (is/am/are)	3
收到	shōudào		receive; get	26
舒服	shūfu	adj.	be well; comfortable	31
暑假	shǔjià	n.	summer vacation	35
树木	shùmù	n.	tree	28
谁	shuí	pron.	who	7
睡觉	shuìjiào	v.	go to bed; sleep	20
送	sòng	v.	send; deliver	36
岁	suì	m.	year (of age)	13

他	tā	pron.	he; him	3
他们	tāmen	pron.	they; them (male)	6
它	tā	pron.	it	14
她	tā	pron.	she; her	3
她们	tāmen	pron.	they; them (female)	5
汤	tāng	n.	soup	25
糖	táng	n.	candy	32
特别	tèbié	adv.	specially	32
疼	téng	v.	ache; hurt	31
踢	tī	v.	play	7
天	tiān	n.	day	21
天气	tiānqì	n.	weather	23
听	tīng	v.	listen (to)	12
同学	tóngxué	n.	classmate	2
头	tóu	n.	head	31
头发	tóufa	n.	hair	30
腿	tuǐ	n.	leg	31
外面	wàimian	n.	outside	23
玩	wán	v.	play	15
晚上	wǎnshang	n.	night; evening	20
碗	wǎn	m.	bowl	25
网球	wǎngqiú	n.	tennis	36
为什么	wèi shénme		why	26
喂	wèi	interj.	hello	16
问题	wèntí	n.	problem	31
我	wǒ	pron.	I; me	1
我们	wǒmen	pron.	we; us	6
西部	xībù	n.	west	35
喜欢	xǐhuan	v.	like	18

下面	xiàmian	n.	lower part	32
下午	xiàwǔ	n.	afternoon	23
下雨	xià yǔ		rain	23
夏天	xiàtiān	n.	summer	24
先生	xiānsheng	n.	mister; sir; gentleman	25
现在	xiànzài	n.	now	19
向	xiàng	prep.	to; towards	34
小	xiǎo	adj.	small; little	17
校长	xiàozhǎng	n.	headmaster; principal; (university or college) president	5
谢谢	xièxie	v.	thank	4
新年	xīnnián	n.	New Year	24
星期	xīngqī	n.	day of the week	22
行	xíng	v.	will do; be all right	22
姓	xìng	v.	be surnamed	15
休息	xiūxi	v.	rest	31
学	xué	v.	learn; study	8
学生	xuésheng	n.	student	5
学校	xuéxiào	n.	school	36
压岁钱	yāsuìqián	n.	money given to children as a Lunar New Year gift	26
牙	yá	n.	tooth	32
颜色	yánsè	n.	color	28
样子	yàngzi	n.	appearance; look	30
药	yào	n.	medicine	31
要	yào	v.	want; would like (to)	16
要是	yàoshi	conj.	if	33
爷爷	yéye	n.	(paternal) grandfather	18
也	yě	adv.	also; too	7

一共	yígòng	adv.	altogether	27
一起	yìqǐ	n.	together	12
一下	yíxià		once	31
衣服	yīfu	n.	clothes	29
医生	yīshēng	n.	doctor	18
以后	yǐhòu	n.	afterwards; after; later	32
因为	yīnwèi	conj.	because	26
音乐	yīnyuè	n.	music	12
饮料	yǐnliào	n.	beverage	25
应该	yīnggāi	v.	should	32
用	yòng	v.	use	26
游泳	yóuyǒng	v.	swim	33
游泳池	yóuyǒngchí	n.	swimming pool	34
有	yǒu	v.	have	8
有的	yǒude	pron.	some	36
有点儿	yǒudiǎnr	adv.	a bit; rather	31
右	yòu	n.	right	34
右边	yòubian	n.	right	32
雨伞	yǔsǎn	n.	umbrella	23
雨衣	yǔyī	n.	raincoat	23
元	yuán	m.	a measure word	10
月	yuè	n.	month	21
运动	yùndòng	n.	sports	33
运动场	yùndòngchǎng	n.	sports ground; playground	36
运动会	yùndònghuì	n.	sports meet	36
运动员	yùndòngyuán	n.	sportsman; sportswoman; athlete; player	36
在	zài	v.	be	11
在	zài	prep.	indicating where a person or thing is	16

再见	zàijiàn	v.	see you; goodbye	2
糟糕	zāogāo	adj.	terrible; too bad	32
早上	zǎoshang	n.	morning	20
怎么	zěnme	pron.	how	34
怎么样	zěnmeyàng	pron.	how	23
张	zhāng	m.	a measure word	9
找	zhǎo	v.	find; look for	11
找	zhǎo	v.	give change	27
这	zhè	pron.	this	10
这里	zhèli	pron.	here	11
中文	Zhōngwén	n.	Chinese	9
中学生	zhōngxuéshēng	n.	high school student	6
种	zhǒng	m.	kind; sort; type	28
住	zhù	v.	live; reside	16
祝	zhù	v.	offer good wishes; wish	11
紫色	zǐsè	n.	purple	30
走	zǒu	v.	walk; get (to)	34
足球	zúqiú	n.	football; soccer	7
最	zuì	adv.	most; least; best; to the highest or lowest degree	24
最近	zuìjìn	n.	recently; lately	24
昨天	zuótiān	n.	yesterday	21
左	zuǒ	n.	left	31

Proper nouns

Word	Pinyin	Translation	Lesson
艾米丽	Àimǐlì	Emily	8
柏树街	Bǎishù Jiē	Cypress Street	16
北京	Běijīng	Beijing	24
春节	Chūn Jié	The Spring Festival (Chinese Lunar New Year)	21
大黄	Dàhuáng	Big Yellow (usually a name for a dog or a cat)	14
大卫	Dàwèi	David	1
感恩节	Gǎn'ēn Jié	Thanksgiving Day	21
杰克	Jiékè	Jack	3
林（老师）	Lín (lǎoshī)	a surname	2
玛丽	Mǎlì	Mary	3
日本	Rìběn	Japan	15
王家明	Wáng Jiāmíng	Wang Jiaming	1
温哥华	Wēngēhuá	Vancouver	18
小雨	Xiǎoyǔ	a person's name, literally "drizzle"	24
芝加哥	Zhījiāgē	Chicago	18
中国	Zhōngguó	China	21

III Chinese Characters

Characters		Pinyin	Lesson	Characters		Pinyin	Lesson
啊	啊	a	8	穿	穿	chuān	29
八	八	bā	27	床	床	chuáng	19
爸	爸	bà	17	春	春	chūn	21
吧	吧	ba	19	次	次	cì	36
白	白	bái	30	从	從	cóng	15
百	百	bǎi	27	错	錯	cuò	29
半	半	bàn	19	打	打	dǎ	7
棒	棒	bàng	36	大	大	dà	1
包	包	bāo	10	带	帶	dài	23
比	比	bǐ	36	戴	戴	dài	30
边	邊	biān	32	担	擔	dān	34
别	別	bié	27	蛋	蛋	dàn	12
饼	餅	bǐng	16	当	當	dāng	13
不	不	bù	4	得	得	dé	36
步	步	bù	33	的	的	de	6
部	部	bù	35	等	等	děng	34
参	參	cān	36	地	地	dì	28
草	草	cǎo	28	弟	弟	dì	18
查	查	chá	31	第	第	dì	32
长	長	cháng	30	点	點	diǎn	19
常	常	cháng	24	电	電	diàn	22
场	場	chǎng	36	店	店	diàn	16
车	車	chē	13	东	東	dōng	26
橙	橙	chéng	28	冬	冬	dōng	24
吃	吃	chī	12	动	動	dòng	33
池	池	chí	34	都	都	dōu	8

225

度	度	dù	35	过	過	guò	26
锻	鍛	duàn	33	还	還	hái	17
队	隊	duì	36	海	海	hǎi	28
对	對	duì	10	汉	漢	hàn	8
多	多	duō	10	好	好	hǎo	1
二	二	èr	21	号	號	hào	16
法	法	fǎ	8	喝	喝	hē	25
发	髮	fà	30	和	和	hé	11
非	非	fēi	24	盒	盒	hé	27
份	份	fèn	16	黑	黑	hēi	29
服	服	fú	29	很	很	hěn	12
副	副	fù	30	红	紅	hóng	28
该	該	gāi	32	后	後	hòu	26
干	幹	gàn	22	候	候	hòu	20
高	高	gāo	12	欢	歡	huān	15
糕	糕	gāo	12	会	會	huì	33
哥	哥	gē	17	货	貨	huò	26
个	個	gè	25	鸡	鷄	jī	25
给	給	gěi	10	几	幾	jǐ	9
跟	跟	gēn	22	加	加	jiā	36
共	共	gòng	27	家	家	jiā	1
狗	狗	gǒu	14	假	假	jià	35
刮	颳	guā	23	检	檢	jiǎn	31
拐	拐	guǎi	34	见	見	jiàn	2
光	光	guāng	9	件	件	jiàn	29
国	國	guó	21	酱	醬	jiàng	27
果	果	guǒ	27	教	教	jiāo	33

226

饺	餃	jiǎo	25		乐	樂	le	11
叫	叫	jiào	1		冷	冷	lěng	24
觉	覺	jiào	20		礼	禮	lǐ	26
教	教	jiào	34		里	裏	lǐ	10
节	節	jié	21		力	力	lì	32
姐	姐	jiě	17		练	練	liàn	34
今	今	jīn	12		炼	煉	liàn	33
经	經	jīng	33		凉	涼	liáng	35
镜	鏡	jìng	30		两	兩	liǎng	14
九	九	jiǔ	19		亮	亮	liàng	14
居	居	jū	18		辆	輛	liàng	30
举	舉	jǔ	36		料	料	liào	25
觉	覺	jué	24		邻	鄰	lín	18
开	開	kāi	30		林	林	lín	2
看	看	kàn	22		路	路	lù	34
颗	顆	kē	32		绿	綠	lǜ	28
可	可	kě	18		妈	媽	mā	17
刻	刻	kè	20		码	碼	mǎ	30
客	客	kè	4		吗	嗎	ma	5
口	口	kǒu	17		买	買	mǎi	26
块	塊	kuài	27		忙	忙	máng	24
快	快	kuài	11		猫	貓	māo	17
拉	拉	lā	36		么	麼	me	4
来	來	lái	15		没	沒	méi	9
蓝	藍	lán	28		每	每	měi	20
篮	籃	lán	7		妹	妹	mèi	18
老	老	lǎo	2		们	們	men	2

227

面	面	miàn	23	气	氣	qì	4
名	名	míng	4	钱	錢	qián	10
明	明	míng	1	巧	巧	qiǎo	32
墨	墨	mò	30	请	請	qǐng	16
木	木	mù	28	秋	秋	qiū	24
哪	哪	nǎ	11	球	球	qiú	7
那	那	nà	10	区	區	qū	35
奶	奶	nǎi	18	去	去	qù	19
男	男	nán	30	裙	裙	qún	29
闹	鬧	nào	26	然	然	rán	13
呢	呢	ne	15	热	熱	rè	24
能	能	néng	23	人	人	rén	17
你	你	nǐ	1	日	日	rì	12
年	年	nián	21	如	如	rú	29
您	您	nín	11	赛	賽	sài	36
牛	牛	niú	27	伞	傘	sǎn	23
爬	爬	pá	35	色	色	sè	28
牌	牌	pái	30	山	山	shān	35
盘	盤	pán	9	上	上	shàng	20
跑	跑	pǎo	33	少	少	shǎo	10
配	配	pèi	29	身	身	shēn	31
朋	朋	péng	6	什	什	shén	4
漂	漂	piào	14	生	生	shēng	5
瓶	瓶	píng	27	师	師	shī	2
七	七	qī	20	时	時	shí	20
期	期	qī	22	事	事	shì	19
起	起	qǐ	12	是	是	shì	3

收	收	shōu	26	王	王	wáng	1
舒	舒	shū	31	网	網	wǎng	36
暑	暑	shǔ	35	为	爲	wèi	26
树	樹	shù	28	喂	喂	wèi	16
谁	誰	shuí	7	文	文	wén	9
睡	睡	shuì	20	问	問	wèn	16
送	送	sòng	36	我	我	wǒ	1
算	算	suàn	22	午	午	wǔ	23
岁	歲	suì	13	物	物	wù	26
他	他	tā	5	西	西	xī	26
它	它	tā	14	息	息	xī	31
她	她	tā	5	喜	喜	xǐ	18
汤	湯	tāng	25	下	下	xià	23
糖	糖	táng	27	夏	夏	xià	24
特	特	tè	32	先	先	xiān	25
疼	疼	téng	31	现	現	xiàn	19
踢	踢	tī	7	香	香	xiāng	27
题	題	tí	31	向	向	xiàng	34
体	體	tǐ	31	小	小	xiǎo	17
天	天	tiān	12	校	校	xiào	5
听	聽	tīng	12	谢	謝	xiè	4
同	同	tóng	2	心	心	xīn	34
头	頭	tóu	30	新	新	xīn	24
腿	腿	tuǐ	31	行	行	xíng	22
外	外	wài	23	兴	興	xìng	12
玩	玩	wán	15	姓	姓	xìng	15
碗	碗	wǎn	25	休	休	xiū	31

229

学	學	xué	2	语	語	yǔ	8
压	壓	yā	26	元	元	yuán	10
牙	牙	yá	32	员	員	yuán	36
颜	顏	yán	28	月	月	yuè	21
样	樣	yàng	23	乐	樂	yuè	12
药	藥	yào	31	再	再	zài	2
要	要	yào	16	在	在	zài	11
爷	爺	yé	18	糟	糟	zāo	32
也	也	yě	7	早	早	zǎo	20
一	一	yī	12	怎	怎	zěn	34
衣	衣	yī	29	张	張	zhāng	9
医	醫	yī	18	长	長	zhǎng	5
以	以	yǐ	22	找	找	zhǎo	11
因	因	yīn	26	这	這	zhè	10
音	音	yīn	12	只	隻	zhī	17
饮	飲	yǐn	25	中	中	zhōng	6
应	應	yīng	32	住	住	zhù	16
迎	迎	yíng	15	祝	祝	zhù	11
影	影	yǐng	22	子	子	zǐ	25
泳	泳	yǒng	33	紫	紫	zǐ	30
用	用	yòng	26	字	字	zì	4
油	油	yóu	27	走	走	zǒu	34
游	游	yóu	33	足	足	zú	7
友	友	yǒu	6	最	最	zuì	24
有	有	yǒu	8	昨	昨	zuó	21
右	右	yòu	32	左	左	zuǒ	31
雨	雨	yǔ	23				